어떻게 하면
위대한 인생을 살 수 있을까

어떻게 하면 위대한 인생을 살 수 있을까

지은이 · 월레스 D. 워틀스 | 옮긴이 · 박진배
발행처 · **다인미디어** | 발행인 · 이봉순
1판 1쇄 발행일 · 2015년 7월 30일
등록 번호 · 제 301-2009-108호 | 등록 일자 2009. 6. 2
주소 · 서울시 중구 예장동 1-51 | Tel 02-2274-7974, Fax 02-743-7615
ISBN 978-89-87957-81-4 03320

How can we make our life great?

어떻게 하면
위대한 인생을
살 수 있을까

월레스 D. 위틀스 지음

박진배 옮김

다인미디어

책을 펴내며

월레스 D. 워틀스(Wallace D. Wattles)는 1860년 미국에서 출생하였다. 실패와 빈곤의 고통 속에서 평생을 '부자가 되는 법칙'의 원리와 방법을 확립하기 위해 혼신의 힘을 다하다 만년에는 스스로 발견한 '확실한 법칙'을 통해 부자가 되었다.

모든 종교와 철학(데카르트, 스피노자, 라이프니츠, 쇼펜하우어, 헤겔, 에머슨 등)을 공부하여 독자적인 성공철학을 구축하였다.

이 책은 워틀스가 이 세상을 떠나기 직전인 1910년에 집필된 마지막 작품이자 대표작이다. 또한 일부에서는 제임스 알렌의 작품(As a man thinketh)과 견줄만한 명저로 불리기도 하지만, 표면으로 드러나지 않고 일부 한정된 성공한 사람들에게만 한 세기 가까이 읽혀온 꿈과 같은 성공 교과서이다.

자기 계발의 대가라 불리는 나폴레온 힐, 로버트 슐러를 비롯하여 앤서니 로빈스, 알 나이팅게일, 다이애나 비, 클린턴 전 대통령 등이 법칙을 배우고 실천한 사람들은 모두 성공이라는 명성을 얻을 수 있었다.

역자

차 례

◈ *제 1 부*
성공과 부의 원천

◈ *제 2 부*
성공의 기술

◈ 제 3 부

부자의 기술

서문

이 책은 추상적 이념이 아니라 실천을 목적으로 쓰여진 책이다.

이론적 설명으로 끝나는 것이 아니라 실천 방법을 설명한 '참고서'이다.

지금 당장이라도 자금이 필요한 사람, 이론은 일단 접어두고 제일 먼저 풍요를 꿈꾸는 사람들을 염두에 두고 쓴 책이다. 지금까지 철학적인 사상을 연구할 시간과 수단, 기회는 없었지만 그 이론을 이용하고 싶어 하는 사람, 그것의 발달 과정은 모르더라도 과학적인 해결 방법을 배워 향후 행동 원칙으로 삼고자 하는 사람들은 반드시 이 책을 참고해 주기 바란다.

본문에서 말하는 근본적인 원칙은, 예를 들어 전기 작용의 법칙에 대해 마르코니(Guglielmo Marconi, 1874~1937)와 에디슨이 발표한 학설과 같은 것이라고 생각하고 그대로 믿어주길 바란다.

두려워하지도 주저하지도 말고 그냥 믿고 실행한다면, 그 원칙이 진실이라는 것을 깨닫게 될 것이다. 그럴 수 있는 사람은 반드시 풍요를 누리게 될 것이다. 왜냐하면 이 원칙은 객관적으로 명료한 과학적 지식에 그 기초를 두고 있기 때문이다.

실패는 절대로 있을 수 없다.

물론 여러 가지 철학 이론을 깊이 알고 있어 이 신조의 논리적 근거를 확인하고 싶어 하는 사람도 있을 테니 사상가 중 일부를 소개하기로 하자.

우주일원론이란 '하나는 전부이며 전부는 하나이다.' 라는 이론으로, 물질세계에 있는 겉모양이 다른 수많은 원소는 특정한 하나의 물질이 모습을 바꾼 형태라는 사상이다.

이 사상은 힌두교를 기원으로 하며 최근 2백여 년 동안 점차적으로 서양 사상의 신뢰를 얻게 되었다. 우주일원론은 온갖 동양사상의 근본이며 데카르트, 스피노자, 라이프니츠, 쇼펜하우어, 헤겔, 에머슨의 사상적 근간을 이루는 것이기도 하다.

이 사상의 철학적 기반을 좀 더 자세히 알고 싶다면 헤겔과 에머슨의 저서를 읽어보기 바란다.

이 책의 집필에 있어 복잡하고 난해한 것들을 늘어놓기보다는 평범하고 간결한 문체를 써서 내용을 구석구석까지 이해할 수 있도록 배려했다.

　이 책 속에서 다루고 있는 행동 계획은 철학 이론을 바탕으로 이끌어낸 것들로, 철저하게 검증하고 신중에 신중을 거듭한 심사를 통과하여 실제로 효과가 있다고 판단된 것들이다.

　철학 이론에 이르는 과정에 흥미가 있는 사람들은 앞서 말한 사상가의 저서를 읽기 바란다.

　또한 이런 철학자들에 의한 이론을 실천하고 성과를 거두고 싶은 사람은 이 책을 읽고 내용대로 실천하기 바란다.

월레스　D. 워틀스

우주는 당신이 바라는 것을 무엇이든

선물해 줄 수 있기를 바라고 있다.

자연은 당신이 하고 싶어하는 일을

도와줄 것이다.

모든 것이 당신 편이 되어줄 것이다.

그것은 진실이다.

제 1 부

성공과 부의 원천

1
누구나 위대한 인간이 될 수 있다

이 세상의 모든 사람들에게는 '힘의 원리'가 내재되어 있다. 이 원리를 올바른 방향으로 현명하게 사용한다면 자기 자신의 내면적 능력을 향상시킬 수 있다.

인간은 누구나 태어나면서부터 자신을 원하는 대로 성장시킬 수 있는 능력을 갖추고 있으며, 그 힘의 가능성은 고갈되지 않고 무한하다.

인간은 어떤 분야든 간에 아직 만족할 만한 성과를 이뤘다고 단정지을 수 없다. 그리고 누구나 지금 이상의 재능을 발휘할 가능성은 충분하다.

왜냐하면 인간이 만들어낸 모든 '사물' 속에는 항상 그 가능성이 존재하고 있기 때문이다. 이것은 '재능'이라 불리는 것보다 훨씬 더 위대하다.

따라서 인간에게는 항상 현재 행동하는 것 이상의 가능성이 잠재되어 있다. 우리는 그 한계의 끝이 어디인지 알 수 없다. 한계가 있는지 없는지조차 파악할 수 없는 것이다.

인간에게는 자신의 사고(思考)로 성장하고자 하는 능력이 있다.

이 능력은 인간 이외의 동물에게는 주어지지 않은 힘이다. 인간만이 이 능력을 이용해 자기 자신의 노력만으로 그 힘을 높이고 보다 강하게 만들 수 있다.

동물들도 물론 인간에 의해서 훈련을 받으면 그 능력을 최대한으로 성장시킬 수는 있다. 하지만 인간의 경우에는 스스로 자신을 훈련시키고 성장시키는 것이 가능하다. 인간만이 이 무한의 힘을 가지고 있는 것이다.

인간은 나무나 식물들과 마찬가지로 성장하기 위해 살아가고 있다. 하지만 나무나 식물들은 아무 생각도 목적도 없이 가지를 뻗으며 처음부터 정해진 운명대로 성장해 갈 뿐이다. 처음부터 정해진 가능성과 특성만을 성장시키고 있을 뿐이다.

그런데 인간은 전혀 다르다. 인간은 자신이 마음먹은 대로 성장해 나간다. 서로가 가지고 있는 제각각의 능력을 향상시킬 수가 있다.

정신적으로 가능한 것이라면 육체적으로도 전부 실현 가능하다. 마음속으로 연상할 수 있는 것이라면 그것이 무엇이든지 실현할 수 있다.

인간은 모두 '성장하는 힘'을 가지고 있다

인간은 성장할 수 있도록 만들어졌다.

그리고 어떤 상황에서라도 성장은 꼭 필요하다.

행복해지기 위해서는 무조건 멈추지 말고 꾸준히 발전해야 한다.

발전이 없는 인생은 견딜 수 없다. 성장을 포기해 버린다면 남는 것은 어리석은 인간이 되거나 정신 이상을 불러일으킬 뿐이다.

누구에게나 모든 가능성이 내재되어 있다.

하지만 아무런 노력도 하지 않는다면, 설령 남보다 뛰어난 능력을 가지고 있다 하더라도 그 결과는 변변치 못할 것이다.

누구나 태어나면서부터 자기 나름대로의 특성을 가지고 있다. 이 특성을 잘 살린다면 다른 길을 멀리 방황하지 않고도 쉽게 성장할 수 있다.

이것은 매우 현명한 생각이다.

예를 들자면, 우리 인간은 정원사가 가지고 있는 상자 속의 씨앗과도 같다. 그 씨앗들은 언뜻 보기에 모두 똑같아 보인다. 하지만 씨앗에서 싹이 트고 자라서 꽃이 피고 열매가 맺힌 다음에는 엄청난 차이를 보이게 된다.

어떤 것은 장미가 되어 세상의 어두운 구석에서 화려한 색과 달콤한 향기를 발산하게 될지도 모른다.

또 어떤 것은 백합이 되어 보는 이로 하여금 사랑과 순수한 마음을 깨닫도록 가르쳐주게 될지도 모른다.

또 어떤 것은 얼기설기 얽힌 담쟁이덩굴이 되어 잿빛 돌담 위를 뒤덮으며 성장하게 될지도 모른다.

그리고 어떤 것은 커다란 참나무로 자라서 새들이 날아들어 집을 짓고 노래를 부르게 될지도 모른다. 낮에는 새들이 나무 그늘에 숨어 휴식을 취하게 될 것이다.

어떤 과정을 거쳐 성장했건 인간은 모두가 소중한 존재이다. 한 사람 한 사람이 제각각 다르며 그 자체로서 완벽한 존재이다.

'쓸모없는' 인간이란 이 세상에 존재하지 않는다. 조국이 위기에 처하게 되면, 거리의 술집에 진을 치고 있던 남자들과 마을의 술주정뱅이가 스스로의 '힘의 원리'를 발휘하여 나라를 위기에서 살리는 영웅이 되기도 한다.

사람에 따라 가지고 태어난 성품과 능력이 모두 다르며, 각자 그 능력을 발휘할 때를 기다리고 있다. 어느 도시에나 훌륭한 남자들과 여자들이 있다.

개중에는 뛰어난 지혜와 통찰력으로 유명한 사람도 있을 것이다. 그 사람은 암흑과 같은 현실 속에서 위대한 인간으로 인정받아, 문제가 발생하면 사람들은 그에게 의지하려고 한다. 그리고 그 사람은 문제가 크건 작건 상관없이 훌륭하게 해결해 버린다.

하지만 이것은 누구나 할 수 있는 일이다.

물론 당신에게도 가능한 일이다.

'힘의 원리'는 우리가 바라는 것을 이루게 해준다.

우리가 하찮은 일만 한다면 그에 걸맞은 힘밖에 주어지지 않지만, 위대한 업적을 훌륭하게 해결하려 한다면 그에 필요한 모든 힘이 주어지게 된다.

그러므로 위업을 달성하기 위해서는 요령을 피워서는 안 된다. 이에 대해서는 뒤에 자세히 설명하기로 하자.

당신은 되고 싶어하는 대로의 인간이 될 수 있다

인간은 정신적으로 두 가지 타입으로 나뉜다.

하나는 탄력성이 있는 축구공 같은 타입으로, 힘이 가해지면 강하게 튕겨져 나가지만 자기 스스로 뭔가를 만들어낼 수는 없다.

따라서 이 타입의 인간은 환경과 그때그때의 상황에 따라 좌우된다. 외부 원인에 의해 운명이 결정되므로 '힘의 원리'도 잠들어 있는 상태이다. 자신의 머릿속 생각을 입 밖으로 내는 일도, 그 생각에 따라 행동하는 일도 없다.

또 하나는 샘솟는 샘물과 같은 타입으로, 내면으로부터 힘이 넘쳐 흐른다. 마음속에 결코 마르지 않는 샘을 가지고 있으며, 외부로 향해 끝없이 힘을 발산하고 있기 때문에 주변에도 많은 영향을 끼친다. 당연히 '힘의 원리' 또한 마르지 않고 왕성한 활동을 하고 있다.

모든 사람들에게 있어 가장 중요한 것은 자신의 의지대로 행동하는 것이다.

인생의 모든 경험들은 인간을 자발적으로 행동하도록 하고, 모든 상황에 떠밀리지 않고 주변을 통제할 수 있도록 배우게 하기 위한 훈련이다.

성장 초기 단계에서 인간은 우연이나 환경에 지배당해 공포심의 노예가 되어 버린다. 행동은 주변의 힘에 대한 반응에 불과하며, 힘이 가해지면 튕겨져나갈 뿐이다. 자기 스스로는 아무것도 만들어내지 못한다.

하지만 가장 미숙한 단계에서조차 인간의 내면에는 스스로 모든 공포를 극복할 수 있을 만큼의 '힘의 원리'를 갖추고 있다. 이 원리를 배우고 스스로 행동한다면 그 사람은 신에 가까운 존재까지도 될 수가 있다.

잠자고 있는 내면의 '힘의 원리'를 일깨우자. 이것은 진정한 의미에서의 자각이며, 죽음에서 삶으로의 부활이다. 부활임과 동시에 새로운 생명의 탄생이기도 하다.

당신이 가지고 있지 않고 다른 누군가가 가지고 있는 것은 존재하지 않는다. 그 누구도 당신이 가지고 있는 것 이상의 정신력을 가질 수는 없으며, 당신이 달성할 수 있는 것 이상으로 위대한 업적을 달성할 수도 없다.

당신은 자신이 되고 싶다고 바라는 사람으로 정말 바뀔 수 있다.

2
'위대한 마음'이 존재하는 곳

모든 사물 속에 '우주의 이치'가 존재한다.

'우주의 이치'는 하나의 실존하는 물질이며 그곳에서 모든 것이 파생된다. 이것은 '지적 물질(현대에서 말하는 유전자)' 혹은 '마음의 요소'라 바꿔 말할 수 있다.

물질이 존재하지 않는 곳에는 지성도 존재하지 않는다.

왜냐하면 물질이 존재하지 않는 곳에는 아무것도 없기 때문이다. 그렇다면 사고(思考)를 하는 뇌 속에는 '생각하는 물질'이 존재하고 있을 것이다.

사고는 기능이 될 수는 없다. 기능은 운동이며, 운동 그 자체가 사고를 한다는 것은 생각할 수조차 없기 때문이다.

또한 사고는 진동이 될 수도 없다. 진동도 운동이며, 운동이 지성을 가졌다고는 생각할 수 없기 때문이다.

운동이란 물질의 이동에 불과하다. 만약 지성이 표출된다면, 그것은 '생각하는 물질'에서이지 운동 속에서 이루어지는 것이 아니라는 건 분명하다.

따라서 사고는 뇌의 운동 결과로서 발생하는 것이 아니다. 가령 사고가 뇌의 내부에 존재한다면, 그것은 뇌의 물질, 다시 말해 뇌 자체가 아니면 안 되며, 뇌가 실질적으로 행하는 운동 속에서 이루어지는 것이 될 것이다.

하지만 뇌 자체는 죽은 상태로는 전혀 지성을 가지고 있지 않다. 그러므로 뇌 자체에는 사고가 존재하지 않는다는 사실은 진실이다.

사고는 뇌를 활동시키는 생명의 원리 속에 있는 것이다.

뇌의 본질을 움직이는 '생각하는 물질' 속에 있으며, 그 '생각하는 물질'이야말로 진정한 인간의 모습이다.

뇌 자체가 생각을 하는 것은 아니다. '생각하는 물질'인 인간이 생각하고 뇌를 통해 자신의 생각을 표현하는 것이다.

'생각하는 물질'이란 인간의 근본인 '영적 물질'이다.

영적 물질이 그 인간의 몸에 침투되어 몸을 통해 생각하고 지식을 얻는 것이다. 마찬가지로 '영적 물질의 근원'은 모든 자연 속에 존재하며 생각과 지식을 얻고 있다. 자연은 인간과 마찬가지로 지성을 갖추고 인간보다도 훨씬 많은 지식을 겸비하고 있다.

사람은 그 '영적 물질의 근원'을 '신'이라고 불러 왔다.

'영적 물질의 근원'은 모든 것을 다 알고 있다. 원시시대부터 모든 것에 관여해 왔었기 때문에 모든 지식을 겸비하고 있다.

인간의 경험을 총망라한다 할지라도 그것은 한정된 것으로 아주 미세한 부분에 지나지 않는다.

하지만 '영적 물질의 근원'은 창세기 이래에 벌어진 모든 일, 혹성이 충돌했을 때, 혜성이 지나갔을 때, 그리고 참새 한 마리가 떨어진 것[*]조차 총망라하고 있다.

지금 있는 모든 것, 그리고 지금까지 일어났던 모든 것이 전부 지식으로서 존재하며 우리를 깊숙이 감싸고 있는 것이다.

'올바른 지혜'를 꿰뚫어보는 영감의 원천

인간은 '영적 물질의 근원'의 마음에 따라 움직이고 살며 그 일부가 되어 있다. 그 위대한 마음이 지닌 장대한 지식과 비교한다면 인간이 만들어낸 백과사전의 내용을 전부 합친다 할지라도 아주 사소한 내용에 불과하다.

영감에 의해 인간이 꿰뚫어보는 진리는 '영적 물질의 근원'의 마음속에 있는 사고이다. 그렇지 않다면 원래 그 사고 자체가 존재하지 않는 것이 되어 인간은 그것들을 꿰뚫어볼 수 없기 때문이다.

....
[*] 참새 한 마리가 떨어진 것 ⋯⋯⋯ "참새 한 마리가 떨어지는 것도 하늘의 특별한 섭리가 있다." ('햄릿' 5막 2장)

그리고 만약 사고를 가진 마음 자체가 존재하지 않는다면 사고도 존재하지 않는다. 마음은 '생각하는 물질' 이외에 그 무엇도 아니기 때문이다. 인간은 '생각하는 물질'이며 '우주 물질'의 일부에 지나지 않는다.

인간은 한정된 존재이지만 '우주의 이치'는 무한하다. 그것을 예수는 아버지 하느님이라 불렀으며 모든 인간은 그곳에서 태어났다.

다시 말해 우리는 '영적 물질의 근원'의 마음속에 존재하고 있는 것이다. '영적 물질의 근원'은 모든 지식과 진리를 내포하고 있어 우리들에게 그 지식을 전해주려 하고 있다. 이것은 좋은 아버지가 훌륭한 선물을 자식들에게 선물하고 기뻐하는 것과 마찬가지다.

예언자들과 현자, 위대한 인물들은 과거는 물론 현재에도 인간에게서 배운 것이 아니라 '영적 물질의 근원'으로부터 얻은 지혜로 위대해질 수 있었던 것이다.

'영적 물질의 근원'의 지혜와 힘은 무한대로 쌓여 있으며 언제라도 당신을 향해 열려 있다. 당신은 필요에 따라 자유롭게 그것을 활용할 수 있다.

당신은 하고 싶은 것을 할 수 있고, 원하는 것을 손에 넣을 수 있으며, 당신이 바라는 모습의 인간이 될 수도 있다.

그러기 위해서는 당신은 '영적 물질의 근원'과 일체가 되는 것을 배우지 않으면 안 된다.

그러면 당신은 진리를 꿰뚫어볼 수 있게 될 것이다. 지혜를 몸에 익히고 지향하고자 하는 목적을 깨달음으로써 그 목적에 도달하기 위해 걸맞은 수단을 찾게 된다. 그리고 그 수단을 이용하기 위한 힘도 손에 넣을 수 있다.

이 장을 다 읽기 전에 지금 당장 모든 것을 잠시 옆으로 밀어 두고 '영적 물질의 근원'과 일체가 될 수 있도록 전념하겠다고 맹세하라.

아무런 근심도 없이 숲속 집에서 편안히 쉬면서
나는 그리스와 로마의 영예를 일축한다.
소나무 아래 누우면
밤하늘의 별들이 반짝반짝 빛난다.
나는 궤변자들과 철학자들의 자만을 비웃는다.
그들은 자신들을 높이 평가하고 있다.
하지만 사람이 숲에서 신과 마주칠 때
그들에게 대체 무슨 평가를 하겠는가.

- 랄프 왈도 에머슨(Ralph Waldo Emerson, 1803~1882, 미국의 철학자이며 시인)의 '굿 바이'

3
'힘'이 존재하는 곳

인간의 신체와 그 기능, 마음, 뇌, 재능은 위대한 인간임을 나타내기 위해 쓰이는 도구에 불과할 뿐 그것들 자체가 인간을 위대하게 하는 것은 아니다.

뛰어난 두뇌와 너그러운 마음, 건강한 신체, 훌륭한 재능을 가지고 있다 하더라도 그것을 올바르게 사용하지 못한다면 위대한 인간이라고 할 수 없다.

자신의 능력을 올바른 방법으로 쓸 수 있는 자질이야말로 인간을 위대하게 만든다. 그 자질을 우리는 '지혜'라고 부른다.

지혜는 위대한 인간이 되기 위해 없어서는 안 될 덕목이다.

지혜는 최고의 목적을 달성하기 위해 최선의 수단을 알기 위한 힘이다. 올바른 행동을 하기 위한 지적 힘인 것이다.

자신이 행해야 할 것을 잘 알고 있는 현명한 인간, 올바른 것만을 하기를 바라는 선량한 인간, 그리고 올바른 행동을 하기 위한 힘과 강인함을 갖춘 인간. 그런 인간이야말로 진정으로 위대한 사람이라 불리게 된다.

위대한 인간은 그 어떤 집단 속이라 할지라도 금방 힘을 가진 인물로서 알려지게 되며, 사람들은 기꺼이 그 사람을 칭송하게 된다.

지혜는 지식에 의존한다. 무지(無知)가 지배하고 있는 곳에 올바른 행동을 취하기 위한 지혜는 존재하지 않는다.

자신의 마음을 자신이 가지고 있는 것보다 훨씬 많은 지식과 연결하여 영감을 얻음으로써 자신의 한계를 초월한 지혜를 이끌어낸다. 그것이 불가능하다면 인간의 지식은 상대적으로 한정된 것이 되어 지혜도 작은 것이 되고 만다.

하지만 인간은 스스로의 한계를 초월한 지혜를 끌어내는 것이 가능하다. 그것이야말로 수많은 위인들이 지금까지 위대한 업적을 이룰 수 있게 만든 원동력인 것이다.

위대한 인물이 되기 위한 '진정한 지혜'

진정한 지혜란 어떤 상황에서라도 올바른 것이 무엇인지 안다는 것이다. 올바른 행동을 하기 위한 생각을 가지고 그것을 위해 힘을 발휘하고, 올바른 행동을 하기 위한 재능과 능력을 갖는 것이다.

링컨은 충분한 교육을 받지 못했지만 진리를 꿰뚫어보는 능력을 갖고 있었다.

미국에 노예제도가 남아 있을 때 링컨 이외의 사람들은 무엇이 옳은 것이며 무얼 해야 하는지 확실히 깨닫지 못하고 있었다.

하지만 링컨은 결코 흔들리지 않았다. 그는 노예제도 찬성파의 어리석음을 꿰뚫어봤으며, 폐지파의 비현실적이고 광적인 태도까지 꿰뚫어보고 있었다. 그는 지향해야 하는 올바른 목적을 이해하였고, 그곳에 도달하기 위해 가장 어울리는 수단을 알고 있었다.

또한 사람들도 링컨이 진리를 이해하고 정도를 알고 있는 인간이라고 인정했다. 그러기에 링컨을 대통령으로 뽑은 것이다.

진리를 꿰뚫어보는 힘을 갖춘 사람, 무엇을 해야 할지 잘 알고 제시할 수 있는 사람, 언제나 올바른 행동을 할 것이라는 신뢰를 받는 사람, 그런 사람이라면 모든 사람들에게 칭송받을 뿐만 아니라 지도자가 되어 주길 간절히 바라게 된다.

이 세상 어떤 곳에서도 그런 사람을 강력하게 바라고 있다.

'진정한 지혜'를 얻기 위한 단 한 가지 방법

링컨은 가장 유능한 정치가임과 동시에 최고의 병사였다. 제대로 된 교육도 받지 못한 사람이 대체 어디서 그렇게 많은 지혜를 몸에 익힐 수 있었을까?

그의 뇌 구조가 특별한 것도 아니고, 뇌세포가 남달리 뛰어난 것도 아니다. 육체적인 특징에 의한 것도 아니며, 뛰어난 이성의 힘에 의한 것도 아니다. 진리에 대한 지식은 몇 번이고 생각한 끝에 얻어지는 것이 아니라 영적 통찰력에 의한 것이다.

링컨은 진리를 꿰뚫어봤다. 대체 어디서 그런 능력을 몸에 익혔을까? 그리고 그의 직관은 대체 어디서 온 것일까?

이와 똑같은 특징을 미국의 초대 대통령 조지 워싱턴에게서도 찾아볼 수 있다.

그의 신념과 용기는 진리를 꿰뚫어보는 힘, 진리에 대한 직관에 의한 것이었다. 그 힘으로 그는 독립 혁명을 위한 길고 절망적인 싸움을 이겨내고 식민지를 하나로 통일할 수 있었던 것이다.

나폴레옹 보나파르트(Napoleon Bonaparte, 1769~1821, 프랑스의 황제)의 성품에서도 비슷한 특징이 보인다.

그는 군사에 관해서는 언제나 최선의 방법을 알고 있었다. 나폴레옹의 위대함은 나폴레옹 자신보다 나폴레옹을 인도한 위대한 힘에 있다고 생각된다.

우리는 이런 위대한 인물들에 대해 생각할 때 그들의 배후에 뭔가 위대한 힘의 존재를 인정하지 않으면 안 된다.

위대한 사람에게는 남녀를 불문하고 똑같이 이런 경향을 엿볼 수 있다. 틀림없이 그들은 무엇이 진리인지를 꿰뚫어보고 있다. 하지만 진리라는 것은 원래 그곳에 존재하지 않으면 꿰뚫어볼 수 없다. 또한 그것을 꿰뚫어볼 마음이 없다면 존재할 수 없는 것이다.

진리는 마음으로부터 떠나서는 존재할 수 없다. 워싱턴도, 링컨도, 모든 지식과 진리를 겸비한 위대한 마음과 항상 접촉하고 대화를 나누었다. 지혜를 실현하는 인간은 누구나 다 그렇다.

지혜란 위대한 마음을 읽어냄으로써 손에 넣을 수 있는 것이다.

4
위대한 마음과 일체가 되자

하나의 물질이 있다. 그것은 모든 것의 근원이며 그 안에는 모든 것을 만들어내는 힘이 포함되어 있다.

모든 힘은 이 물질 속에 이미 갖춰져 있다. 이 물질은 의식을 가졌으며 생각을 한다. 완벽한 이해력과 지성을 갖추고 있다.

당신은 그 물질이 존재한다는 것을 알고 있다. 그 속에 의식이 존재한다는 것, 다시 말해 그것이 의식을 가진 물질이라는 것을 알고 있기 때문이다.

인간 또한 물질이다. 그렇지 않다면 존재할 수 없을 것이다.

인간은 의식을 가지고 있으며 생각을 한다. 다시 말해 인간이 물질이며 생각하는 존재이고 의식을 가지고 있다면, 당연히 인간은 '의식을 가진 물질'인 것이다.

인간 이외에 '의식을 가진 물질'이 존재한다는 것은 생각할 수 없다. 따라서 인간은 '근원적인 물질'이며 물리적인 형태를 띤 온갖 생명과 힘의 원천인 것이다.

'근원적인 물질'은 유일한 존재이며, 그것은 '신'이라고 불리는 것과 같다. 어디에 있건 같은 물질의 속성으로 모든 곳에 존재한다.

'위대한 힘'은 누구에게나 존재한다

'위대한 것' 속에 특정 지성이 존재하고, 인간이라는 '의식을 가진 물질' 속에도 다른 지성이 존재한다는 것은 있을 수 없다. 인간도 신과 함께 '근원적인 물질'의 하나이다.

따라서 신에게 있는 모든 재능과 힘, 가능성은 우리 인간에게도 있다. 일부 특별한 사람에게만 있는 것이 아니라 어느 누구에게나 있는 것이다.

인간에게 있는 '힘의 원리'란 인간 그 자체이며 인간은 신과 똑같은 존재이다.

인간은 '근원적 물질'이며 스스로 내면에 모든 힘과 가능성을 가지고 있지만 그 의식에는 한계가 있다. 알아야 할 것을 전부 알고 있지 않기 때문에 과오를 저지른다.

그 과오를 막기 위해서는 자신의 마음을 외부의 위대한 것, 모든 것을 알고 있는 존재와 일체화시키지 않으면 안 된다. 항상 '위대한 힘'과 함께 있다는 것을 의식하지 않으면 안 된다.

사람의 주변에는 항상 그 사람을 감싸고 있는 위대한 마음이 존재한다. 그것은 숨을 쉬는 것보다도 더 자연스럽고 자신의 손과 발보다 가까운 존재이다.

이 위대한 마음속에는 지금까지 일어난 모든 일들, 선사시대부터 지금 이 순간에도 떨어지고 있는 참새에 이르기까지 모든 기억이 새겨져 있다. 그리고 그것은 지금도 여전히 존재하고 있다.

이 위대한 마음에 새겨진 것은 온갖 자연의 배후에 있는 위대한 목적이며, 그 마음은 지금 무슨 일이 벌어지고 있는지 알고 있다. 인간은 과거, 현재, 미래에 이르기까지 알아야 할 모든 것을 알고 있는 존재에 포함되어 있다.

인간이 말하고, 행동하고, 기록한 모든 것이 거기에 있다. 인간은 이 위대한 마음에서 태어나 일체가 되었다. 그러므로 그 마음이 알고 있는 것을 알 수 있는 것이다.

5
올바른 사고

위대함은 위대한 사고를 몸에 익혀야만 손에 넣을 수 있다. 내면적으로 위대한 인간이 되지 않는다면 외면적으로도 절대 위대한 인간이 될 수 없다.

다시 말해 위대한 인간이라고 스스로 생각하지 않으면 절대로 위대한 인간이 될 수 없다는 말이다.

아무리 많은 교육을 받고, 책을 읽고, 공부를 한다고 하더라도 위대한 인간이 되려는 생각을 하지 않는 이상 절대로 위대한 인간이 될 수 없다.

하지만 적절한 사고를 몸에 익힌다면 학습은 거의 하지 않더라도 당신은 위대한 인물이 될 수 있을 것이다.

아무 생각도 없이 그저 책만 읽고 훌륭한 인간이 되길 바라는 사람이 아주 많다.

하지만 그들은 모두 실패하고 말 것이다. 당신은 읽은 책의 내용 덕에 정신적인 성장을 하는 것이 아니라 그것에 대해 무엇을 생각하는가에 따라 성장할 수 있다.

생각한다는 것은 모든 활동 속에서 가장 어렵고 엄청난 에너지를 필요로 한다. 따라서 모든 사람이 뒷걸음치며 물러서고 만다.

인간은 항상 사고를 하도록 만들어진 동물이다. 하지만 그것은 매우 어려운 것이기 때문에 피하려 하고 다른 것을 하고 싶어 한다.

그러므로 시간적 여유가 생기면 대부분의 사람들은 단순히 즐거움만을 추구하려 한다. 이것도 사고의 고통에서 벗어나기 위한 노력에 지나지 않는다.

많은 사람들이 여가의 대부분을 생각하는 데서 벗어나기 위해 써버린다. 따라서 지금과 같은 상황에 처하게 된 것이다. 생각하는 습관을 들이지 않는 한 결코 앞으로 나아갈 수 없다.

지식을 얻기보다 생각하는 것을 우선으로 하라

책 읽는 시간을 줄이고 생각하는 시간을 늘려라. 위대한 것에 대해 쓴 책을 읽고 더 큰 문제에 대해 생각하라.

지금 미국에는 진정으로 위대한 정치가가 없다. 전부 다 이류들뿐이다. 링컨도 없고, 대니얼 웹스터도, 헨리 클레이도, 존 콜드웰 칼훈도, 앤드류 잭슨도 없다.

대체 어째서일까?

지금의 정치가들은 이기적이고 사소한 문제들만 다루고 있기 때문이다. 정의를 무시하고 당리당략과 물질적인 번영, 금전적 문제만을 논하고 있다. 이래서는 위대한 영혼을 깨울 수 없다.

링컨과 그 전 시대의 정치가들은 영원의 진리에 관한 문제, 즉 인간의 권리와 정의에 대한 문제를 다뤄 왔다. 큰 문제를 다루고 위대한 사고를 실천했기 때문에 위대한 인간이 될 수 있었다.

단순한 지식과 정보가 아니라 생각함으로써 인격이 형성된다.

생각함으로써 인간은 성장하고 또한 성장하지 않으면 생각할 수도 없다.

사고는 다음 사고를 만들어낸다. 한 가지 사고방식에 대해 써내려가다 보면 당신이 한 페이지를 다 채우기도 전에 이미 다음 생각이 떠오르게 된다.

스스로 지성의 깊이를 재는 것은 불가능하다. 지성에는 한계도 없고 경계도 없기 때문이다.

처음에는 미숙한 것밖에 생각할 수 없지만, 끝없이 생각함으로써 당신은 자신을 가장 잘 활용할 수 있게 된다. 새로운 뇌세포에 자극을 주고 새로운 능력을 개발할 수 있게 된다.

유전과 환경, 모든 조건은 당신이 생각하는 습관을 몸에 익히는 순간 당신 앞에 모든 길을 활짝 열어줄 것이다.

하지만 스스로 생각하는 것을 게을리하고 남의 생각을 빌리기만 한다면 당신은 결코 자신이 무얼 할 수 있는지 깨닫지 못한다. 무슨 일이든 아무 도움도 되지 않는 인간으로 인생을 마감하게 된다.

자기 스스로 생각하지 못한다면 진정으로 위대한 인간이 될 수 없다.

인간의 행동은 내적 사고의 표출로서 그 자체가 하나의 완성이다.

사고 없이는 그 어떤 행동도 불가능하며, 위대한 사고가 전제되지 않는다면 위대한 행동 역시 불가능하다.

행동은 사고의 또 다른 모습이며 인격은 사고를 구체화한 것이다.

환경은 사고의 산물이며 모든 것은 당신의 사고에 대응해 당신 주변에 모여들게 된다. 랄프 왈도 에머슨이 말한 것처럼 당신 자신의 중심적인 사고가 있고 그로 인해 당신의 인생에 관련된 모든 일들이 정해져 있는 것이다.

이 중심적인 사고를 바꾸면 당신의 인생에 있어 모든 사실과 환경의 모습을 바꿀 수 있다. 당신은 스스로 그렇게 생각하기 때문에 지금의 당신이 있는 것이다.

'위대한 사고'가 '위대한 인간'을 만든다

이 책에서는 지금까지 몇 가지 아주 중요한 것들에 대해 설명했다. 그것들을 확실하게 당신의 것으로 만들어야 한다.

당신의 중심적인 생각 일부가 될 때까지 그것에 대해 지속적으로 생각하기 바란다. 모든 일에 대한 견해를 되돌아보기 바란다.

당신은 완벽한 세상에서 완벽한 사람들에 둘러싸여 살고 있으며, 당신의 태도 이외에 잘못된 것은 하나도 없다.

이 훌륭한 사고방식에 대해 다각도로 생각해 보라.

그것이 당신에게 있어 어떤 의미가 있는지를 충분히 이해할 수 있을 때까지 이 모든 것을 심사숙고하기 바란다.

당신이 지금 살고 있는 곳은 세상에 존재하고 있는 모든 것 중에 최고라는 것, 그리고 이 세상은 보다 더 완벽하고 조화로운 방향을 향해 전진하고 있다고 여겨라.

이 세상에는 유일하고 위대한 지성으로 가득 찬 '생명과 힘의 원리'가 있으며 우주의 모든 현상을 일으키고 있다. 그것이 진실이라고 납득할 수 있을 때까지, 이런 완벽한 세상 속의 한 사람으로 어떻게 살아가며 행동해야 할지 이해할 수 있을 때까지, 이 모든 것에 대해 생각하기 바란다.

다음으로 이 위대한 지성이 당신 내면에 존재한다는 훌륭한 진리에 대해 생각하기 바란다. 그것은 당신 자신의 지성이며 당신을 올바른 것, 최고의 것, 위대한 행위, 최고의 행복을 향해 다가가게 하는 '내면의 빛'이다.

그 '내면의 빛'은 당신 내면의 '힘의 원리'이며 당신에게 모든 능력과 재능을 선물할 것이다. 만약 당신이 그것을 따르며 빛 속을 건는다면 그것은 최고를 향해 당신을 확실하게 인도해 줄 것이다.

당신이 "나는 나 자신의 영혼에 따르겠습니다."라고 할 때 그것이 무엇을 의미하는지 생각해 보라. 이 말은 평범한 인간의 태도와 행동에 큰 변화를 불러일으키는 매우 심오한 의미를 지니고 있다.

그리고 '위대한 존재'와의 일체화에 대해 생각해 보라. 당신이 바라는 만큼 그 내면에 잠재되어 있는 모든 지식은 당신의 것이 되고, 그 지혜 또한 모두 당신의 것이 될 것이다.

위대한 사고는 위대한 인간의 내면에 드러나는 법이다. 이것을 잘 생각해 주기 바란다. 그러면 행동하기 위한 준비가 완전히 끝나게 될 것이다.

6
'생각'을 형태로 만들어내는 힘

　여기서 다시 한 번 사물에 대한 사고방식의 문제를 다루기로 하자. 왜냐하면 이것은 매우 중요할 뿐만 아니라 우리가 가장 고민하고 있는 문제이기 때문이다.

　우리는 일부 잘못된 사람들에 의해 세상은 폭풍우 때문에 바위투성이 해안에 좌초된 난파선이라고 주입을 받았다.

　결국 완전히 멸망할 운명이며 고작해야 겨우 몇 명의 선원만 구조할 수 있을 뿐이다. 세상은 본질적으로 악하며 더욱 더 악해지고 있다. 그리고 지금의 부조화가 종말의 날까지 이어져 점점 더 악화될 것이다…….

　이런 관점에서 보면, 우리는 사회와 정치, 인간에 대한 희망을 잃고 미래에 대해서도 어두운 청사진만 그리게 될 것이다. 마음도 좁

아질 것이다. 하지만 이것은 모두 잘못된 생각이다. 세상은 결코 난파되지 않는다.

세상은 제대로 작동하는 모터를 단 훌륭한 모함과 같다. 연료 창고에는 연료가 가득 실려 있고 항해를 위한 식량도 가득 실려 있다.

모함은 완벽하며 훌륭하다. 배에 탄 사람들의 안전과 안심, 행복을 위하여 온갖 것들이 준비되어 있다.

하지만 배는 큰 바다에 나가면 출렁이게 된다. 왜냐하면 아직 아무도 올바른 항로를 익히지 않았기 때문이다.

우리는 지금 항해하는 방법을 배우고 있다. 언젠가는 파도가 잔잔한 항구로 당당하게 입항할 것이다.

세상은 더욱 더 나은 방향을 향해 훌륭히 나아가고 있다. 지금의 부조화는 우리가 아직 배를 조종하는 능력이 떨어져 흔들리는 것과 같다. 하지만 결국 그런 부조화는 세상에서 사라지고 말 것이다.

이런 사고방식을 품고 있다면, 우리는 미래에 대한 밝은 전망을 품고 개방적인 마음을 갖게 된다. 사회와 자신들에 대해 많은 생각을 하고 모든 일들을 훌륭히 처리할 수 있게 된다.

이 세상에 나쁜 방향으로 가는 것은 없다

이 세상에는 그 어디에서도 나쁜 일이 일어나지 않는다.

그것은 우리들 개개인에게 있어서도 마찬가지다. 모든 것이 완성을 향하고 있으며 나쁜 방향으로 향하는 것은 아무것도 없다.

우리는 전체 중 일부이며, 전체가 좋은 방향으로 향하고 있다면 우리 자신도 나쁜 상태에 놓일 리가 없다. 당신과 당신에게 관련된 모든 것이 완성을 향해 나아가고 있다.

이 전진을 방해하는 것이 있다면 그것은 당신 이외에 아무것도 없다. 당신이 '위대한 의지'에 역행하는 마음을 가졌을 때뿐이다.

그러므로 무엇보다 자기 자신을 올바른 방향을 향하도록 유지하라. 그러면 당신에게 나쁜 일은 절대 일어나지 않을 것이고 두려워할 필요도 없다.

당신의 마음가짐이 올바르다면 그 어떤 문제나 재난도 당신을 엄습할 수 없다. 당신은 점점 발전하는 것 중의 일부이며 당신 자신도 함께 발전하지 않으면 안 된다.

당신의 청사진은 대부분 당신의 우주에 대한 사고방식에 따라 만들어진다. 따라서 당신이 이 세상에서 길을 잃고 방황하는 것으로 여긴다면, 자기 자신도 그 일부이며 죄 많고 나약한 존재로 받아들이게 될 것이다.

세상의 미래가 절망적이라고 생각한다면, 자기 자신을 희망으로 가득한 존재로 생각할 수는 없다.

세상이 종말을 향해 쇠퇴해 가고 있다고 생각한다면, 자기 자신을 발전하는 존재로 생각할 수는 없다.

자신에 대해 충분히 생각할 수 없다면, 결코 위대한 인간이 될 수는 없다.

세상은 당신의 '사고 습관'대로 변한다

다시 한 번 강조하자. 인생에 있어 당신이 지금 있는 곳은 물질적인 환경을 포함해 당신이 언제나 마음속으로 그리던 청사진에 의해서 결정된다.

자신에 대한 청사진을 그릴 때는 마음속으로 그 청사진에 걸맞는 환경을 연상하지 않으면 안 된다.

자신을 무능하고 아무것도 할 수 없는 존재라고 생각한다면, 머릿속에 떠오르는 모습은 가난한 환경뿐이다. 자신에 대해 충분히 생각하지 않았다면 경제적으로 고통받는 환경에 놓여 있는 자신의 모습을 연상하게 될 것이다.

이런 사고가 습관이 되어버리면, 그것은 눈에 보이지 않는 형태로 당신 마음을 감싸게 되어 항상 당신과 함께 존재하게 된다. 결국 끊이지 않는 창조 에너지의 작용에 의해 눈에 보이지 않는 청사진은 물질적인 형태로 나타나게 되고 당신이 생각했던 모습으로 당신을 에워싼다.

자연을 위대하고 진보하는 존재로 생각하고 인간 사회 또한 똑같다고 생각하라. 모든 것은 하나이며 같은 근원으로부터 나온 훌륭한 존재인 것이다.

7
모든 것은 진화한다

이 세상의 모든 것은 성장하기 위해 만들어졌다.

당신은 세상이 진화를 거쳐 생성된 것이라는 점을 배워두어야 한다. 완성된 작품으로서가 아니라 끊임없이 진화해서 지금보다 위대해지고자 하는 것이라고 받아들여야 한다.

수백만 년 전 옛날, 신은 아주 하등의 미숙한 생명체를 만들었다.

하지만 그것은 하나의 종(種)으로서 완벽했다. 그리고 이후 복잡하고 한층 고등의 생물, 즉 동물과 식물이 출현했다.

지구는 진화의 단계를 한 단계 한 단계 거쳐 나갔다. 모든 단계가 나름대로 완벽한 것이었고 더욱 고차원의 단계로 이어졌다.

여기서 깨달아야 할 것은 '하등 생물'이든 '고등 생물'이든 마찬가지로 종으로서는 완벽한 존재라는 것이다. 지금 존재하고 있는 포유류가 처음 나타난 수천만 년 전의 세상도 그 나름대로 완벽했었다.

하지만 대자연에 잠재되어 있는 영적 물질은 더 많은 진화를 요구하고 있다. 이것은 오늘날의 세상에서도 마찬가지다.

'세상의 그 어떤 부분도 여전히 미완성이지만 그곳에 존재하는 모든 것은 그 자체로 완벽하다.' 이것이 사회에 대한 당신의 견해가 아니면 안 된다.

이 세상에는 잘못된 것이 아무것도 없으며 잘못된 인간도 없다. 당신은 인생에 있어서의 모든 사물을 이 관점에서 신중하게 생각해야 한다.

이 우주에는 잘못된 것이 아무것도 없다. 우주는 위대하고 끝없이 진보하는 존재이며 모든 것들의 행복을 위해 작용하고 있다.

모든 것을 '있는 그대로' 받아들여라

우주에 존재하는 모든 것은 뛰어난 존재이다. 잘못된 것은 아무것도 없으며 그것 자체만으로 완벽한 존재이다.

하지만 우주는 아직 완성되지 않았다.

창조는 아직 끝나지 않았다.

그러므로 우주는 과거에 인간에게 선물했던 것보다 더 많은 것을 앞으로도 아낌없이 선사해 줄 것이다.

우주는 조물주의 작업장이며, 신은 사랑 그 자체이다. 그것은 완벽하지만 여전히 완성을 향한 진행형이다.

인간의 사회와 정치도 마찬가지다. 불평등하더라도, 노동 분쟁이 있더라도, 정리해고가 있더라도 이 또한 발전의 일부이다. 사회를 완성으로 이끄는 진화 과정의 부산물인 것이다.

사회가 완성되면 이런 부조화는 더 이상 일어나지 않을 것이다. 하지만 부조화가 없다면 사회는 완벽을 향해 나아갈 수 없다. 파충류와 같은 흉측한 생물들도 다음 세대로 가기 위해 필요한 존재이며 종으로서는 완벽하다.

마찬가지로 거대 금융자본의 J. P. 모건도 다가올 사회의 질서를 위해 필요한 존재이다. 이것을 간과해서는 안 된다.

현재의 사회와 정부, 산업을 이미 완벽한 것이며 완성을 향해 급속도로 끊임없이 진화하는 것으로 보기 바란다.

그러면 두려워할 필요가 없고, 불안해하거나 걱정하고 염려할 필요도 없다는 것을 알게 될 것이다.

결코 불평 불만을 토로해서는 안 된다.

지금 우리가 살고 있는 세상은 완벽하며, 인간이 도달한 발전 단계에 가장 잘 어울리는 세상이다.

이것은 대다수의 사람들에게 황당한 이야기로 들릴지도 모른다. "그게 무슨 헛소리야!"라고 모든 사람이 소리칠지도 모른다.

"불결한 공장에서 아이들의 노동 착취가 나쁘지 않다는 거야?"

"술집이 부도덕한 장소가 아니란 말이야?"

"이런 모든 것들을 받아들이고 '멋지다'라는 소릴 하란 말이야?"

분명 현대 산업사회에서의 온갖 경영 행태는 산업 발전 단계로서는 미숙하고 야만적인 것일 수도 있다.

하지만 우리가 정신적인 야만을 버리고 진화된 인간이 되기까지는 지금보다 더 바람직한 상태로 바뀔 수는 없다. 인류 전체가 더욱 고차원적인 견해를 갖게 됨으로써 다음 단계로 넘어갈 수 있는 것이다.

노동자가 정신적으로 높은 상황에 도달하게 되면, 마음과 정신에 도움이 되는 것을 추구하게 되고, 사회는 머지않아 미숙하고 야만적인 단계를 뛰어넘어 새로운 단계로 나아가게 될 것이다.

하지만 누가 뭐래도 현재의 단계는 나름대로 완벽하다. 모든 것이 그 자체로 매우 훌륭하다.

술집이나 타락에 빠진 장소도 마찬가지다. 대다수의 사람들이 이런 것들을 원한다면, 그들이 그것을 영위하는 것은 바르고 필요한 것이다. 반대로 대다수의 사람들이 이러한 부조화가 없는 세상을 원한다면, 그들은 그런 세상을 만들어낼 것이다.

인간이 저속한 생각을 가진 단계에 머무르는 한 사회도 무질서한 상태에서 벗어나지 못한 채 야만성을 드러낼 것이다.

사람들이 야만적인 생각을 버리고 한 걸음 앞으로 나아간다면 사회도 마찬가지로 야만적 상태에서 벗어난 모습을 보여줄 것이다.

하지만 지금 사회에 여전히 술집이나 도박장이 있다면 그 또한 사람들이 그것들을 바라고 있기 때문이다.

미개한 시대의 세상이 그 나름대로 훌륭했던 것과 마찬가지로 현재의 사회 또한 지금 상태로 완벽한 것이다.

세상은 당신의 '견해'에 달려 있다

하지만 모든 사람들이 그것을 바란다고 할지라도 당신이 올바른 방향으로 나아가는 것을 아무도 막을 수는 없다.

퇴폐해 가는 사회를 바로잡기 위해서가 아니라 아직 완성되지 않은 사회를 완성시키기 위해서 당신은 혼신의 힘을 다할 수가 있다.

당신은 희망으로 가득 찬 훌륭한 정신을 가지고 앞으로 계속 나아갈 수 있다.

당신이 문명을 점점 좋아지는 훌륭한 것으로 여기는가, 퇴폐해 가는 악으로 느끼는가에 따라 당신의 신앙과 정신에 엄청난 차이가 생기게 된다.

전자는 당신의 마음을 진보시키고 개방적으로 만들어주지만, 후자는 후퇴시키고 폐쇄적으로 만들 것이다.

전자는 당신을 크게 성장시켜 주지만, 후자는 당신의 성장을 방해할 것이다.

또한 전자는 당신이 영원의 존재를 위해 행동할 수 있도록 해준다. 당신은 미완성인 것을 완성시키기 위해 훌륭한 방법으로 위업을 달성할 수 있다.

하지만 후자는 당신을 그 자리를 피하기 위한 비겁자로 만들고, 당신이 생각하는 '잃어버린 어두운 세계'에서 약간의 잃어버린 영혼을 구하기 위해 아무런 희망도 없이 행동하게 될 것이다.

사회에 대한 견해에 따라 엄청나게 큰 차이가 생기는 것이다.

세상은 이미 잘 돌아가고 있다. 나 자신의 태도 이외에 잘못된 것은 있을 수 없다. 나는 그것을 바른 방향으로 인도할 것이다. 나는 우주의 모든 것, 모든 일들, 환경, 그리고 사회와 정치, 정부, 산업에 있어서 온갖 상황을 가장 높은 관점에서 볼 것이다. 그것은 아직 완성되지 않았지만 완벽하다. 그것은 이미 조물주의 작품이다. 보라! 모든 것이 너무나도 훌륭하다.

8
진화는 멈추지 않는다

우리가 가난과 무지, 고뇌에 둘러싸여 있다면, 과연 어떻게 타인을 위해 자신의 인생을 헌신할 수 있겠는가?

여기저기서 도움의 손길을 뻗어오는 장소에 살고 있으면 '끝없는 나눔'을 멈추기 어렵다는 사실을 우리는 깨닫게 될 것이다.

세상에는 온갖 불평등, 불공정이 만연하여 약한 사람들에게 고통을 주고 그것이 옳다는 관대한 영혼의 욕구가 들끓게 한다.

우리는 어떻게해서든 곤경에 처해 있는 사람을 구하고 싶어하며, 그러기 위해 자신의 모든 것을 쏟아부어야 할 것처럼 느끼고 있다.

여기서 우리는 '사회와 개인에 대한 사고방식'으로 되돌아가지 않으면 안 된다. 이 세상은 결코 나쁜 것이 아니라 완성을 향해 조금씩 발전하고 있는 훌륭한 곳이라는 사실을 염두에 두지 않으면 안 된다.

이 세상에 아무런 생명도 존재하지 않는 시기가 있었다.

지질학자들의 말에 따르면, 과거에 지구는 불타오르는 가스와 녹아내리는 바위덩어리, 고온의 가스로 완전히 뒤덮여 있었다고 한다. 그런 상태에서 생명이 존재하는 것은 불가능했을 것이다.

그 후 지각(地殼, 땅의 표면)이 형성되어 점점 식으면서 굳어졌고, 가스는 농축되어 안개와 비로 변했다. 표면은 냉각되어 잘게 부서져서 흙이 되었고, 수증기가 뭉쳐 호수와 바다가 되었으며, 드디어 물속과 지상에 생명을 지닌 생명체가 나타났다.

맨 처음 지구에 나타난 생명은 단세포생물이었을 것이다. 하지만 이 세포들의 배후에서 위대한 의지가 모습을 드러냈다. 얼마 안 되어 하나의 세포로는 불가능할 정도로 수많은 생명체가 두 개의 세포를, 그리고 더 많은 세포를 갖게 되었으며 결국에는 많은 생명력을 흡수하며 다세포생물이 탄생하게 된다.

식물과 수목, 척추동물, 포유류의 대부분은 기묘한 모습을 하고 있었지만 그 모든 것은 신의 피조물이며 종으로서 완벽했다. 모든 동식물이 완전한 상태가 아닌 기괴하다고 할 정도의 모습을 지닌 생명체였음은 의심할 여지가 없다.

하지만 그것들은 모두 그 시대에 제각각 주어진 역할과 목적을 가진 훌륭한 존재였다.

그리고 진화 과정에 있어 위대한 하루가 찾아왔다. 밤하늘의 별들이 모두 반짝반짝 빛나고 신의 자식들이 종말을 맞이하기 위해 기쁨의 탄성을 질렀다. 새로운 시작을 위해 만들어진 생물, 바로 인간의 등장이었다.

유인원은 겉모습이 야생동물과 거의 다를 바 없었지만 성장과 생각하는 능력에 있어 분명한 차이가 있었다.

예술과 아름다움, 건축과 노래, 시와 음악. 이 유인원의 영혼 속에는 아직 실현되지 않은 이런 것들을 실현할 가능성이 잠재되어 있었다. 그들은 그 시대의 종(種)으로서 훌륭한 존재였던 것이다.

당신이 계속해서 진화하고 있다는 것은 인류의 역사 속에서 증명된다

최초의 인류가 이 세상에 태어난 날부터 신은 사람들을 통해 자신의 능력을 발휘했다. 속속 새로운 인간이 탄생하면서 조물주는 더욱 더 자신의 모습을 그 안에 투영시켜 보다 큰 일을 해내고, 보다 좋은 환경, 사회, 정치, 가정을 만들도록 이끌었다.

고대의 역사를 보면 무서울 정도의 야만성을 엿볼 수 있으며, 우상숭배가 만연하고 사람들이 고통 속에서 살아갔음을 알 수 있다. 하지만 이런 것들을 들춰내어 신이 인간에 대해 잔혹하고 불공평하다고 느끼는 사람은 깊이 생각해볼 필요가 있다.

유인원 시대부터 현재까지 인류는 진화하지 않으면 안 되었다.

그것은 인간의 뇌에 잠재되어 있는 온갖 능력과 가능성을 하나둘씩 꽃피우게 함으로써 가능한 것이었다. 따라서 처음 등장한 것이 야만적이고 동물에 가까운 인간인 것은 당연한 이치다.

하지만 시대를 거쳐 야만적인 모습은 조금씩 사라지고 인간의 정신은 점점 높아졌다.

어떤 시대에나 대다수의 사람들보다 진보적인 인간, 동료들보다 더 신의 목소리를 잘 이해하는 인간이 존재했다. 신의 손길이 그들의 머리위에 미치고 그들은 신과 인간 사이에서 통역 역할을 하게 된다. 그들은 예언자이며 성직자나 왕이기도 하다. 한편으로는 화형을 당하거나 단두대에서 형장의 이슬로 사라진 순교자들도 있다.

모든 진보는 신의 목소리를 듣고, 신의 말을 하고, 그 인생에 있어 자신이 믿는 바를 실천한 사람들 덕분인 것이다.

이 세상의 악이라 불리는 존재에 대해 다시 한 번 생각해 보면, 우리의 눈에 악으로 비치는 것은 실제로는 단지 아직 미숙한 상태일 뿐 그 자체의 발달 단계에 있어서는 완벽하고 훌륭한 것이라는 사실을 알 수 있다.

인간의 완전한 발전을 위해서는 온갖 것들이 필요하며, 인간 생활의 모든 것은 위대한 힘의 의지에 의한 것이다. 우리가 사는 도시에 있는 도박장이나 매춘가도, 또한 그곳에 있는 불행한 주민들도 신의 의지에 따라 태어난 것이다.

인류의 발전 속에서 그것들은 그 나름대로의 역할에 충실하지 않으면 안 된다. 그리고 그 역할을 다하게 되면 먼 원시시대의 습지에 생식하며 사람에게 위해를 가하던 기묘한 괴물체가 세상에서 사라져 버렸듯이 모든 유해한 것들이 사라질 것이다.

'나쁜 전조'는 반드시 잠재워진다

갑자기 진화라는 이야기를 꺼내면 의아하게 생각하는 사람도 있을 것이다. 왜 그런 말을 꺼냈을까, 무슨 이유일까라며.

하지만 사려 깊은 사람이라면 쉽게 이해할 수 있을 것이다.

신은 자기 자신을 표현하고 형태로서 나타내기를 바라고 있다. 그뿐만 아니라 최고의 정신과 도덕성 속에 자신의 모습이 투영되기를 바라고 있다.

신은 신으로 살며 신으로서 스스로의 모습을 표현할 수 있는 형태로 진화되기를 바라고 있다. 이것이 진화를 추진시키는 목적이다.

전쟁과 살육, 고뇌, 부정, 폐허의 시대는 시간이 흐름에 따라 사랑과 정의의 힘을 이용한 많은 방법으로 잠재워졌다. 그리고 이것이 사랑과 정의를 충분히 표현할 수 있도록 인간의 두뇌를 발전시켜 나간 것이다.

모든 것은 아직 완성되지 않았다.

신은 선반의 가장 높은 곳에 올려진 커다란 딸기처럼 신의 의지를 드러내며 선택받은 몇 안 되는 인간만을 완성시키는 것이 아니라 인류 전체의 번영을 꾀하고 있다.

결국 이 세상에 신의 왕국이 완성되는 날이 올 것이다. 파트모스 섬(Patmos, 에게 해에 있는 그리스의 작은 섬)의 예언자 성 요한이 '요한계시록'에서 예고한 시대이며, 더 이상 울부짖는 일도 없고 더 이상의 고통도 없는 시대이다. 왜냐하면 과거에 존재했던 것은 모두 사라지고* 어둠은 더 이상 존재하지 않기 때문이다.

---

* 과거에 존재했던 것은 모두 사라지고 ········ "신 스스로 그들과 함께하며 그들의 눈에 고인 눈물을 닦아줄 것이다. 더 이상의 죽음도, 슬픔도, 비명도, 고통도 없다. 왜냐하면 과거의 것들은 다 지나갔기 때문이다."('요한계시록' 21장 3~4절)

9
'생각'을 실현시키는
단 하나의 방법

이 장에서는 의무라는 문제를 해결하기 위한 사고방식에 대해 이야기하기로 하자. 이것은 정직하고 성실한 많은 사람들을 곤혹스럽게 만드는 문제이다.

자기 자신을 위해 이 책에서 배운 지식을 실천하고자 한다면, 주변 사람들과의 이제까지의 관계를 적잖이 바꾸지 않으면 안 된다는 것을 금방 깨닫게 될 것이다.

관계가 멀어지는 친구도 있을 것이고, 당신을 오해해서 무시당하고 있다고 착각하는 가족이 있을 수도 있다.

정말로 위대한 인간은 가까운 사람들이나 당신이 지금 이상으로 큰 도움을 줄 것이라고 기대하고 있던 사람들로부터 자주 이기적이라는 소리를 듣게 될 것이다.

그러면 당신은 스스로에게 질문할 것이다.

다른 것은 전부 무시하고 자신을 위해 최선을 다하며 사는 것이 내 의무일까? 아니면 별 문제 없이 아무도 잃지 않아도 될 때까지 기다려야 하는 걸까?

이것은 '자신에 대한 의무'와 '타인에 대한 의무'의 문제이다.

인간이 세상에 대해 어떤 책임과 의무를 지고 있는지에 대해서는 앞에서 충분히 설명했다. 하지만 상당히 많은 사람들이 자신의 의무에 대해 불안까지는 아니더라도 상당히 당혹스러워하고 있다.

미국에서는 교회 등에서 신을 위한 엄청난 봉사활동이 이루어지고 있으며, 수많은 사람들의 에너지가 봉사활동으로 허비되고 있다.

인간은 '자기실현'이 가능한 구조를 갖추고 있다

여기서 봉사란 무엇인지에 대해 잠시 생각해보자.

나는 신에 대한 봉사에 대해 지금까지의 생각이 완전히 잘못되었다고 생각한다. 그리고 그것을 간단히 증명할 수 있다.

일찍이 모세가 히브리 사람들을 해방시켜 주기 위해 이집트에 들어갔을 때에 신의 이름으로 전제군주에게 요구한 것은 "내 백성들을 보내라. 그들이 나를 섬길 것이다."(구약성경 '출애굽기' 9장 1절)였다.

그리고 모세가 사람들을 광야로 데려가 그곳에서 새로운 형태의 예배를 시작했기 때문에 많은 사람들이 예배는 신에 대한 봉사라고 여기게 되었다.

하지만 신은 아무것도 바라지 않으며 인간이 자신들의 손과 몸, 목소리를 이용하여 신을 위해 할 수 있는 일은 아무것도 없다. 성 바오로도 "사람은 신을 위해 할 수 있는 일이 아무것도 없다. 왜냐하면 신은 아무것도 바라지 않기 때문이다."라고 했다.

신은 '영적 물질의 근원'이며 어떤 세대에서든 인간을 더 높은 곳으로 향하도록 당신의 의지를 끊임없이 인간의 내면에 전해 왔다. 인간은 그분의 표현을 통해 신의 의지를 대행해 왔다고 할 수 있다.

시대가 바뀔 때마다 인간은 이전 세대보다 신에게 가까운 존재가 되었다. 또한 이전 시대의 인간보다 살기 좋은 집, 쾌적한 환경, 자신에게 적당한 일, 여가, 여행, 배움의 기회를 추구하게 되었다.

어리석은 경제학자는 오늘날 노동자들의 환경은 창도 없는 돼지 우리에 짚을 깔고 자던 200년 전의 노동자와 비교할 수 없을 정도로 훌륭하다고 말한다. 하지만 그 옛날 노동자들 또한 살아가기 위해 필요한 것을 모두 갖추고 있었다면 완전하게 만족했을 것이다.

현대인은 쾌적한 집에 살며, 실제로 불과 얼마 전 시대에는 생각조차 할 수 없었던 수많은 것들을 소유하고 있다. 그리고 만일 자신이 이상적이라고 생각하는 생활을 위해 그 모든 것을 쓸 수 있다면 그는 만족할 것이다. 하지만 현실적으로는 그는 전혀 만족하지 않는다.

인간은 누구나 지금의 환경에서 손에 넣을 수 있는 것 이상으로 더 나은 생활, 더 훌륭한 생활을 머릿속으로 연상할 수 있다.

더 나은 생활에 대해 생각하고 마음속으로 연상할 수 있다면 현재 생활에 만족할 리가 없다.

이 불만은 '위대한 힘'이 인간으로 하여금 더 훌륭한 환경을 지향하도록 하기 위해 만들어낸 것이다. 신이 당신의 의지를 드러내는 것이 바로 이것이다.

그러므로 당신이 행해야 할 유일한 봉사는 그 뜻을 몸소 실현하는 것이다. 지금보다 더 향상된 환경을 지향하기 위해 당신의 능력을 최대한 활용해서 당신의 인생을 최고로 누리는 것이다.

이상을 실현하는 것은 인간의 임무이다

이전에 나는 다른 저서 『부의 법칙』에서 피아노를 치는 소년에 대해 이야기한 적이 있다.

이 소년은 피아노를 아직 능숙하게 치지 못해서 자기 내면에 넘쳐흐르는 악상을 제대로 표현할 수 없었다.

이것은 손발과 마음, 두뇌, 신체적 훈련만 한다면 우리를 감싸고 있는 위대한 힘이 우리와 함께 위대한 일을 이루게 해준다는 것을 잘 나타내준 좋은 예이다.

당신의 첫째 의무는 당신 자신을 가능한 모든 방법을 동원해 훌륭한 인간으로 만드는 것이다. 나는 이것이야말로 의무라는 문제에 대한 제대로 된 정답이라고 생각한다.

제2부의 첫부분 '성공 뇌를 만들자'(81쪽)에서 나는 '기회'에 대해 다루었다. 『부의 법칙』에서 "풍요로워지기 위한 힘은 모든 사람의 내면에 있다."고 말했던 것처럼 여기서는 "위대한 인간이 되기 위한 힘은 일반적으로 모든 인간의 내면에 갖춰져 있다."고 말했다.

하지만 이 대략적이고 일반적인 것에는 조건이 있다.

인간의 내면에는 세속의 욕망을 채우기 위한 생각밖에 없기 때문에 이런 책에서 설명하고 있는 철학을 전혀 이해하지 못하는 사람이 있다. 이런 사고방식을 받아들이지 못한 채 살아가며 일하고 있는 사람들이 있다.

위대한 인간이라면 그런 사람들에게 눈에 보이지 않는 형태로 뭔가 해주지 않으면 안 된다.

다시 말해 그들의 눈앞에서 진정한 삶을 실천하는 것이다. 그것이 그들의 눈을 뜨게 해주는 유일한 방법이다.

세상은 가르침보다도 증명을 원하고 있다.

우리의 의무는 이런 많은 사람들을 위해서 그들이 자신의 눈으로 확인하고 똑같은 삶의 방식을 하고 싶다고 느낄 수 있도록 위대한 인간이 되는 것이다. 그러면 우리는 다음 세대가 더욱 더 훌륭한 세상으로 나아가는 데 도움의 손길을 줄 수 있을 것이다.

나는 자신을 잘 활용하여 지금 있는 자리에서 벗어나 새로운 세계로 뛰어들고 싶어 하는 사람들로부터 자주 편지를 받는다.

그들을 방해하고 있는 것은 가족이라는 끈이다. 가족을 버려야 하는 게 아닌가 하는 불안이 그들을 속박하고 있다.

나는 대부분의 경우 이런 편지에 대하여 용기를 내어 집에서 벗어나 자신이 하고 싶은 일을 하라는 조언의 답장을 하고 있다.

설령 집안이 조금 쓸쓸해지더라도 그것은 일시적이고 표면적인 것에 불과하다. 영혼의 인도를 따르면, 당신은 머지않아 지금 이상으로 가족을 소중하게 여길 수 있을 것이다.

10
끝없는 축복의 세계

고루한 신앙심은 버려야 한다. 축복을 누리지 못하는 삶을 사는 것은 신의 의지가 아니며 그런 삶을 계속한다고 해서 존경받을 만한 일이 아니다.

모든 것이며 모든 것 속에 잠재되어 있는 '지적 물질'은 모든 것 속에 존재하며 당신 속에도 존재하고 있다. 의식을 가진 '살아 있는 물질'인 것이다. '지적 물질'에는 온갖 살아 있는 지적 존재(인간)와 마찬가지로 번영을 추구하는 성향과 소망이 잠재되어 있다.

생명이 있는 모든 것은 끝없이 성장하지만 그것은 산다는 행위 자체가 번영을 목적으로 하고 있기 때문이다.

한 알의 씨앗이 땅에 떨어져 태동하기 시작하면 수많은 열매를 맺는다. 생명은 스스로 활동함으로써 자기 자신을 늘려 나간다. 씨앗은 생명이 있는 한 끝없이 늘어나며 그 활동을 계속한다.

'지(知)'도 마찬가지로 끝없이 발전해 나가는 것이다. 우리가 무언가를 사고(思考)하면 그곳에서 새로운 사고가 발생하여 의식은 더욱 깊어진다.

한 가지를 알게 되면 반드시 다른 것도 알 수 있게 되어 지식이 점점 쌓이게 된다. 한 가지 재능을 키우면 다른 재능도 키우고 싶어진다.

마음속의 생각을 행동으로 옮기려고 추구함으로써 우리는 더욱 더 지식을 깊게, 행동을 폭넓게, 자신을 향상시키기 위해 노력한다.

그러기 위해서는 수많은 것들을 손에 넣고 이용하지 않으면 안된다. 많은 것을 손에 넣고 이용할 수 없다면 배움이나 행동을 통해서 자기가 원하는 사람이 될 수 없다.

충실한 인생을 영위하기 위해서는 부자가 될 필요가 있다.

부자가 되겠다는 바람은 쉽게 말해 부자의 삶을 실현시킬 수 있는 능력이다. 바람이란 가능성을 실현시키고자 하는 활동이며 실현 가능한 힘이 있기 때문에 인간은 꿈을 품는 것이다.

당신에게 부자가 되고 싶다고 생각하게 하는 것은 식물을 성장시키는 힘과 마찬가지로 마음속의 생각을 행동으로 옮기려 추구하고 성장하려고 하는 '생명'인 것이다.

우주는 당신이 바라는 것을 가져다준다

'유일의 살아 있는 물질'은 만물이 원래 가지고 있는 이 법칙에 따라 번영에 대한 갈망으로 가득하다. 때문에 온갖 것들을 창출하지 않고는 있을 수 없다.

'유일의 물질'은 당신 속에서 번영하기를 갈망하며 그러기 위해 당신이 모든 것을 손에 넣고 이용하기를 바라고 있다.

신은 당신이 풍요를 누리기를 바란다. 그것은 당신이 많은 것을 갖게 되면 그만큼 당신을 통해 신 자신의 의사를 한층 더 풍부하게 표현할 수 있기 때문이다. 당신이 재력의 혜택을 누릴수록 신은 당신의 내부에서 번영을 누리는 것이다.

우주는 당신이 바라는 것을 무엇이든 선물해 줄 수 있기를 바라고 있다. 자연은 당신이 하고 싶어하는 일을 도와줄 것이다. 모든 것이 당신 편이 되어줄 것이다. 그것이 진실이라는 사실을 마음속에 새겨두기 바란다.

단, 그러기 위해서는 당신이 의도하는 것과 만물이 의도하는 것이 일치하지 않으면 안 된다.

육체의 감각만 만족시키지 말고 충실한 인생을 추구하라. 산다는 것은 기능을 살리는 것이며, 한 사람 한 사람이 모든 기능을 작동시켜 몸과 마음, 지혜를 편중되지 않게 최대한으로 발휘해야만 충실한 인생을 영위할 수 있다.

부자가 되려는 진정한 목적을 알라

부자가 되려는 목적은 본능에 따라 사는 것이 아니다. 동물적인 욕망을 추구하는 것은 인생이라 할 수 없다.

물론 살기 위해서는 몸의 모든 기능을 작동시키지 않으면 안 된다. 몸이 원하는 것을 자연스럽고 건강한 형태로 나타내려 하지 않는 사람은 풍요로운 인생을 영위하고 있다고 할 수 없다.

부자가 되려는 목적은 단지 정신적인 만족을 얻고, 지식을 쌓고, 야심을 채우고, 타인을 능가하고, 유명해지는 것이 아니다. 이것은 누구나 추구하는 것이지만 지식을 쌓는 것만을 목적으로 삼고 살아가는 사람은 어딘가 허전함을 느끼며 절대로 자신의 운명에 만족할 수 없을 것이다.

부자가 되려는 목적은 단지 사람들의 행복을 바라고 인류를 구제하는 데 전념하여 자선활동과 희생적 삶을 살면서 혼자 만족하는 것이 아니다. 정신적인 만족은 인생의 일부에 지나지 않으며 인생의 다른 요소와 비교하더라도 특별히 뛰어나거나 숭고하지도 않다.

부자가 되려는 목적은 음식과 그에 동반된 기쁨에 젖기 위한 것이 아니다. 아름다운 것으로 둘러싸이려는 것도, 먼 곳에 여행을 가기 위한 것도, 마음을 키워 지식을 쌓기 위한 것도 아니다. 이웃을 사랑하고 친절을 베풀며 세상 사람들이 진실의 눈을 뜨게 하는 데 도움을 주기 위한 것도 아니다.

사람을 배려하는 마음이 지나치면 극도의 이기주의와 다를 바 없다. 자신을 희생하여 타인을 돕는 것을 신이 바란다거나 그러면 신의 은총을 받을 수 있을 것이라는 생각은 버려라. 신은 그런 것들을 절대 바라지 않는다.

신이 바라는 것은 당신 자신의 능력을 최대한으로 활용하는 것이다. 그것은 당신 자신을 위한 것이며 다른 사람들을 위한 것이기도 하다. 그 무엇보다도 당신 자신의 능력을 최대한으로 활용하는 것이 사람들을 돕는 일이다.

그러기 위해서는 먼저 부자가 될 필요가 있으며, 그 방법을 최우선적으로 생각하는 것이 이치에 맞고 칭송받을 행동이다.

경쟁 원리에서 벗어나라

'유일의 물질'은 만물에 대해 생각하고 만물의 번영을 위해 활동하지만 쇠퇴하기 위해 활동하지는 않는다는 것을 잊지 말라.

'물질'은 모든 것 속에 똑같이 존재하며 풍요와 생명의 번영을 추구하는 것이기 때문이다.

'지적 물질'은 당신을 위해 다양한 것들을 준비하고 있다. 그러나 타인에게 빼앗은 것을 당신에게 주는 것은 아니다.

경쟁심은 버려라. 당신은 창조의 주체이며 이미 만들어진 것을 남과 경쟁하여 빼앗는 것이 아니다.

누구에게서 무언가를 빼앗으려 할 필요가 없다. 특별히 장사 수완이 좋을 필요도 없다. 속이거나 공격할 필요가 없다. 낮은 임금으로 사람을 부릴 필요도 없다.

남의 재산을 부러워하거나 선망의 눈길로 바라봐서는 안 된다. 남들이 가지고 있는 것은 모두 그 사람에게서 빼앗지 않아도 당신 손에 넣을 수 있다.

당신은 경쟁이 아니라 창조적 활동을 통해 바라는 것을 손에 넣을 수 있다. 그러면 모든 사람들에게 이익이 될 것이다.

그와 정반대 방법으로 거액의 부를 손에 쥔 사람들도 물론 있다. 여기서 약간의 보충을 하기로 하자.

세상의 부호라 불리는 사람들은 끝없는 경쟁으로 부를 쟁취할 수 있었다. 때로는 산업혁명을 통해 민족 전체의 삶의 질을 끌어올린 그들의 숭고한 목적과 활동이 무의식중에 '물질'의 의도와 일치하는 경우도 생긴다.

록펠러, 카네기, 모건과 같은 대부호는 무의식중에 '신'을 대신하여 생산업을 조직화하고 편성하기 위해 필요한 일을 계속해 왔다. 그 결과 그들의 사업은 국민의 번영에 엄청난 공헌을 하게 되었다.

그 전성기도 이제는 끝났고 제조 과정을 조직화한 그들을 대신하여 앞으로는 대중들 중에서 나온 사람이 유통 구조를 조직화해 개선시켜 나갈 것이다.

대부호란 선사시대의 공룡과 같은 것으로, 진화 과정에 반드시 필요하지만 생성되었을 때와 똑같은 '힘'의 작용에 의해 도태될 것이다.

대부호들이 실제로는 충족하고 풍요로운 삶을 영위하지 못했다는 것을 기억해 둘 필요가 있다. 이 계층 사람들의 사생활 기록을 보면 그 어떤 사람보다도 초라하고 비참한 삶을 산 사람들이었음을 알 수 있다.

경쟁 원리가 작용하는 곳에 재산을 보관하더라도 안심할 수 없고 안전하지도 않다. 오늘은 자신의 것이지만 내일은 또 다른 사람의 것이 될지도 모른다.

과학적이고 확실한 방법으로 부자가 되려면 경쟁심을 완전히 버려야 할 필요가 있다. 주어진 것에는 끝이 있다는 것을 결코 잊어서는 안 된다.

모든 부가 은행 등에 의해 '독점' 지배되고 있다고 생각하고 그것을 저지할 법률을 통과시키려 부산을 떨기 시작하면 순식간에 경쟁심이 생겨 창조력은 한동안 사라지고 만다. 더욱 더 안 좋은 것은 이미 시작된 창조적 활동조차 중단돼 버릴 수 있다는 것이다.

당신을 기다리고 있는 끝없는 은혜

지구상의 산 속에는 기하학적인 가치를 지닌 황금이 여전히 빛을 보지 못한 채 잠들어 있다는 것을 잊어서는 안 된다.

혹시 지금은 없더라도 '사고하는 물질'에서 창조되고 보충된다는 것을 마음속에 새겨 두자.

자금이 필요하다면 언젠가 손에 넣을 수 있을 때가 찾아올 것이다. 설령 그러기 위해 내일 갑자기 수천 명의 사람들을 동원해서 새로운 금광을 발견하지 않으면 안 된다 할지라도 이 사실에 변함이 없다는 것을 잊지 말자.

눈에 보이는 형태로 주어진 것이 아니라 '혼돈' 속에 잠들어 있는 무한의 풍요에 눈길을 돌려라. 그것들은 지금 당신을 향하고 있는 도중이며 눈앞에 도착하면 당장 이용할 수 있다는 것을 '이해' 하자.

누군가 눈에 보이는 자원을 껴안고 있다고 하더라도 당신에게 주어지는 은혜를 막을 수는 없다.

집을 지을 준비도 하지 않은 상태에서 서두르지 않으면 좋은 장소를 빼앗기고 말 거라고 초조해해서는 안 된다. 기업과 복합자본 때문에 고민하거나 그들이 지구 전체를 지배하는 게 아닐까 걱정할 필요도 없다.

누군가에게 '추월' 당했기 때문에 바라던 것을 손에 넣을 수 없다는 걱정은 할 필요가 없다. 타인이 가지고 있는 것을 원하는 것이 아니라면 그런 걱정은 할 필요가 없다.

당신은 '혼돈' 속에서 뭔가 생성될 수 있도록 스스로 움직이면 된다. 끝없는 은혜가 당신을 기다리고 있다. 여기서 말한 공식들을

부디 잊지 말길 바란다.

· 만물의 근원은 사고하는 물질이다.

 사고하는 물질이란 원시 상태에서 우주 공간 구석구석까지 퍼
 지고 침투하여 충만한 것이다.

· 사고하는 물질 속에서 만들어진 사고는 머릿속에서 연상했던
 모습 그대로의 것을 형상화시켜 만들어낸다.

· 사람은 여러 가지 형상을 생각하고 혼돈으로 전달하여 그것이
 창출될 수 있도록 노력한다.

11

기회는 한정된 사람만의 것일까?

기회를 빼앗겨서, 혹은 누군가에게 부를 독점당해 돈과 평생 인연이 없다는 것은 있을 수 없는 일이다. 분명히 특정 직업에 취업하는 길은 막힐 수도 있겠지만 다른 길은 얼마든지 열려 있다.

거의 독점체제인 철도사업에 뛰어드는 일은 아마도 무리일 것이다. 하지만 전철이라면 아직 걸음마 단계이며 얼마든지 사업을 확장시킬 가능성도 있고, 앞으로 2, 3년 뒤에는 항공 운수업이 크게 발전해 거기서 파생된 일들에 몇십, 몇백만 명의 사람들이 종사하게 될 것이다(이 책은 1910년에 집필되었다).

철도 왕 제임스 제롬 힐(James Jerome Hill, 1838~1916, 미국 철도 왕. 1890년 그레이트 노던 철도 회사를 창립)과 경쟁하여 증기철도 사업에 뛰어들지 말고 항공 운수업의 발전에 주목하는 것은 어떨까?

철강회사의 일개 노동자가 회사 사장이 될 기회는 거의 희박할 것이다. 하지만 '확실한 방법'에 따라 행동하기 시작하면 철강회사를 그만두고 10~40에이커 정도의 농지를 구입해 곡물 생산 사업을 시작할 수는 있다.

작은 땅에서 일군 수확으로 생활하며 작물 재배에 전력을 다해 노력한 사람은 지금 엄청나게 큰 기회를 손에 넣었다. 그들은 반드시 풍요를 누리게 될 것이다.

당신은 땅을 손에 넣을 수 없다고 생각할지도 모른다. 하지만 그것은 불가능한 일이 아니다. '확실한 방법'을 따르기만 한다면 농지를 손에 넣을 수 있다는 것을 지금부터 증명해 보기로 하자.

흐름을 읽고 흐름을 타라

기회의 흐름은 주기적으로 전체의 필요성과 그때그때의 사회 발전 단계에 따라 여러 방향으로 흐른다.

현재 미국에서는 공장 노동자에게 많은 기회가 펼쳐져 있다. 그리고 앞으로는 농업과 농업에 관련된 산업과 직업을 향한 태동이 시작되고 있다.

공장 노동자들을 껴안고 있는 사업가보다는 농업에 대처하는 사업가에게, 노동자 계급에 도움이 되는 전문가보다는 농업을 위해 일하는 전문가에게 기회가 펼쳐져 있다.

흐름을 거스르는 것이 아니라 그 흐름을 탐으로써 사람들은 많은 기회를 얻을 수 있다. 다시 말해 공장 노동자는 개인적으로나 사회 전체적으로나 기회를 빼앗기고 있는 것이 아니다. 노동자는 경영자에게 억압당하고 있는 것이 아니며 기업과 복합 자본에 혹사당하고 있는 것이 아니다.

노동자 전체가 그 계급에 머물러 있는 것은 '확실한 방법'을 따르지 않았기 때문이다.

미국 노동자들은 마음만 먹으면 벨기에 등 외국의 본을 받아 대규모 백화점 사업과 협동조합 사업을 일으켜 동료를 높은 자리에 앉히고, 협동조합 사업의 발전을 위한 법률을 통해 몇 년 안에 그 사업 분야를 담당하게 될 것이다.

'확실한 방법'을 따르면 노동자가 경영자가 될 가능성도 생길 것이다. 부의 법칙은 다른 모든 사람과 마찬가지로 노동자에게도 해당되기 때문이다.

노동자는 모두 그것에 대해 배워야 한다. 그리고 지금과 같은 일을 계속 한다면 같은 자리에 머무를 수밖에 없다는 것은 명심해야 한다.

하지만 노동자 한 사람 한 사람이 노동자 계층 전반에서 엿볼 수 있는 무지와 무기력에 휘둘리지 않는다면 기회의 물결을 타고 풍요를 누릴 수 있다. 이 책에서는 그 방법을 가르쳐주고 있다.

풍요는 한없이 퍼져나간다

자본이 충분하지 않아 부를 누리지 못하는 경우는 없다. 세상 사람들은 흘러넘칠 정도로 충분한 자본의 혜택을 누리고 있다.

미국 한 나라의 건축 재료만 이용해도 워싱턴 국회의사당에 필적할 대저택을 이 세상의 모든 가족들에게 한 채씩 지어줄 수 있다. 미국에서 집약적으로 재배한다면 양모, 면, 마, 비단을 생산해 이 세상의 모든 사람들에게 번영의 절정기를 누리던 솔로몬 왕의 복장보다도 더 훌륭한 옷을 공급할 수 있다. 물론 세상 사람들을 배불리 먹일 수 있을 만큼의 식량도 생산할 수 있다.

눈에 보이는 것조차 이렇게 끝이 없을 정도로 혜택을 누리고 있으니 눈에 보이지 않는 것은 그야말로 무진장하게 널려 있다.

이 세상의 모든 것들은 유일의 '원시 물질'*에서 유래되었다. 만물은 이 물질에 의해 탄생된 것이다.

새로운 형태의 것들이 새롭게 태어나고 낡은 것은 소멸돼 가는데 이 모든 것은 '유일의 물질'이 변화한 온갖 형태의 모습들이다.

'혼돈'**이라고도 불리는 '원시 물질'은 무한하게 주어지는 것이다. 거기에서 우주가 생성된 이래 '원시 물질'은 바닥을 드러내는

* 원시 물질 ········ 우주 생성의 과정에서 우주가 생성되기 전에 떠다니던 수소, 헬륨 등의 원물질. 프리마 마테리아(prima Materia), 제일의 물질, 제일 자료.

** 혼돈 ········ '유일한 물질'의 별명. 성서의 '창세기' 처음에 "지구는 혼돈하며 흑암의 깊음 위에 있고 하나님의 영이 수면 위에 운행하고 있다."는 문장이 있다.

일이 결코 없다.

눈에 보이는 우주 공간의 구석구석까지 '원시 물질'과 '혼돈', 만물의 소재가 가득 펼쳐져 있다. 예전에 만들어진 것들의 만 배 이상으로 만들어질 것이고, 그렇게 되더라도 우주의 근원물질은 끊임없이 보충될 것이다.

다시 말해 자연의 혜택을 받지 못해서, 혹은 충분히 받지 못했다는 이유로 부자가 될 수 없다는 것은 있을 수 없다.

자연은 끝을 모르는 자원의 보고이며 그 혜택은 고갈되지 않는다. '원시 물질'에는 창조의 에너지가 흘러넘치며 끝없이 다양한 형태를 만들어내고 있다.

건축 재료를 다 써버리게 되면 새로이 더 많은 건축 재료가 만들어질 것이며, 땅이 불모지로 변해 식량과 의복의 원료를 재배할 수 없게 되더라도 재생되거나 새로운 토양이 만들어질 것이다.

금과 은이 지구에서 다 채굴된다 하더라도, 여전히 인류가 금과 은을 필요로 하는 발전 단계의 사회라면 '혼돈'에서 새로운 금과 은이 생산될 것이다.

'혼돈'은 인류의 요구에 따라 반드시 원하는 것을 끝없이 제공해 줄 것이다.

이처럼 인류 전체는 항상 자원의 혜택을 누리고 있다. 그럼에도 불구하고 가난한 사람이 있다는 것은 그 사람들이 부자가 되기 위한 '확실한 방법'을 따르지 않기 때문이다.

'혼돈'은 지성을 겸비한 물질이며 사고력도 갖추고 있다. '혼돈'은 살아 있으며 그 삶이 더욱 충실해지기를 바라고 있다.

지금 이상으로 충실한 생활을 누리고자 하는 것은 자연스러운 것이며 생명을 가진 동물들이 선천적으로 가지고 태어난 충동이다. 스스로 성장을 꾀하는 것은 지성의 본질이며 스스로 영역을 넓혀 충분히 표현할 수 있게 되길 바라는 것은 의식의 본질이다.

우주에 존재하는 모든 형태는 스스로를 부족함 없이 표현하려고 하는 '무형의 생명체'에서 바람직한 형태를 띠고 탄생한 것이다.

우주는 하나의 커다란 '생명을 가진 존재'이며, 항상 생생한 생명 활동과 보다 충실한 기능을 다하도록 추구하고 있다.

자연은 생명이 진보하기 위해 형태를 만들었으며 생명의 번영이 원동력이 된다. 때문에 생명 활동에 도움이 되는 것은 모두 자연으로부터 풍성하게 주어져 있다.

신이 자기모순을 범하거나 스스로 창조한 자연을 멸하지 않는 한 그 혜택은 부족함이 없다. 자원이 부족해 가난한 삶을 살아야 한다는 것은 있을 수 없는 일이다.

'혼돈으로부터의 혜택'은 '확실한 방법'에 따라 행동하고 생각하는 사람의 뜻대로 이루어진다는 것에 대해서는 뒤에서 이야기하기로 하자.

스스로 한계를 만들지 말라

자기가 하고 싶어하는 것을 중심으로 살아가지 못하는 사람은 대부분 '나는 할 수 없어.' 라는 생각이 자리잡고 있다. 또한 자신은 다른 사람을 기쁘게 하는 재능이 없다고 믿고 있다.

따라서 자신에게 맞지 않는 일을 회피하며 살아간다.

현재 다양한 분야에서 대성공을 거둔 사람들도 처음에는 그랬다. 하지만 우연한 일을 계기로 '나도 뭔가 할 수 있을지도 몰라.' 라고 생각하게 되고, 그때부터 조금씩 인생이 변해가기 시작한 것이다.

가장 중요한 것은 스스로 한계를 만들지 않는 것이다.

자신이 무엇을 할 수 있을까를 생각하기 전에 무엇을 하면 기쁘고 마음이 설레는가를 생각하라. 자신의 재능과 전혀 다른 일로 마음이 설레는 사람은 별로 없다. 그러므로 사고의 제한을 없애 버리는 것이 자유로운 인생의 첫걸음이다.

만약 당신이 뭔가를 바란다면,

그것을 생생하게 떠올리고

선명한 청사진이 될때까지 계속해서

마음속으로 연상하라.

당신의 행동이 위대한 마음과 일치한다면

그것은 구체적인 형태로

당신 앞에 나타날 것이다.

제 2부
성공의기술

1
성공 뇌를 만들자

태어나면서부터 위대한 인간이 될 가능성을 짓밟힌 사람은 없다.

당신이 누구든, 아무리 무지하고 미숙하다 하더라도, 혹은 선조가 어떤 사람이었든 간에 높은 곳으로 오르기 위한 길은 열려 있다.

부모로부터 물려받은 정신력이 아무리 약한 것이라 할지라도 그 것을 강하게 단련시킬 수 있다. 유전으로 인해 바뀔 수 없는 자질을 물려받는 일은 결코 없다. 성장하는 힘을 지니지 않은 채 태어나는 인간은 어디에도 없다.

유전에도 의미가 있다.

우리는 잠재적으로 특정한 정신적 경향을 가지고 태어난다. 사물 에 대한 사고가 어두운 편이거나, 겁이 많거나, 성미가 급하다는 등 의 특성이다. 하지만 이러한 잠재적인 특징은 극복할 수 있다.

당신이 진정으로 스스로 자각하고 앞으로 나아가려고 한다면 이런 결점은 간단하게 해소할 수 있다.

만약 당신이 부모로부터 바람직하지 않은 성격을 물려받았다면 그것을 없애 버리고 자신이 바라는 성격으로 바꿀 수 있다.

선천적으로 가지고 태어난 정신적인 특징은 부모의 습관적인 사고에 의해 당신의 잠재의식 속에 새겨진 것일지도 모른다.

하지만 정반대의 사고 습관을 익히면 그것을 마음속에 각인시킬 수 있다. 풀이 죽기 쉬운 성격을 밝은 성격으로 바꿀 수도 있고, 겁이 많고 급한 성격조차 극복할 수 있다.

뇌가 인간을 만드는 것이 아니라 인간이 뇌를 만든다

유전은 뇌 구조에도 영향을 끼친다. 그래서 사람에 따라 음악가와 웅변가, 기계공 등의 특수한 재능을 갖게 되는 것일지도 모른다.

하지만 이것만으로 뇌의 구조가 그 사람의 인생을 크게 좌우한다고 주장하는 것은 잘못된 것이다. 가령 뇌의 특정 부분이 작더라도 활발하고 우수한 세포가 많다면, 활발한 세포가 적고 넓은 영역보다도 훨씬 그 능력을 발휘할 수 있다.

특정 재능을 개발하려는 강한 의지와 목적을 가지고 뇌의 특정 부분에 '힘의 원리'를 집중시키면, 그 부분의 뇌세포가 무한으로 증식된다는 것이 밝혀져 있다(현재는 뇌세포가 증식되는 것이 아니라

세포에 정보를 전달하는 시냅스의 수에 의해 뇌세포가 활발해진다고 밝혀졌다).

이것은 당신이 가지고 있는 모든 힘과 능력이 아무리 작고 미숙한 것이라 할지라도 앞으로 끝없이 성장할 수 있다는 의미이다. 특정 영역의 뇌세포(시냅스)를 자신이 원하는 능력을 발휘하기 위해 늘릴 수 있다는 것이다.

특정 능력이 이미 발달되어 있다면 그것을 더욱 더 높이는 것은 아주 쉬운 일이다. 최소한의 노력으로 무리 없이 발전할 수 있다.

하지만 지금은 능력이 없다 할지라도 필요한 노력을 기울이기만 한다면 그 어떤 능력이든지 발휘할 수 있게 된다. 당신은 원하는 것은 무엇이든 할 수 있으며 당신이 바라는 대로 될 수 있다.

이상을 마음속으로 그리고 그 이상을 추구하고자 노력할 때 당신이라는 존재가 가진 모든 힘이 그 이상을 실현하기 위해 필요로 하는 뇌의 영역으로 향하게 될 것이다. 수많은 혈액과 신경세포의 힘이 대응하는 뇌 영역에 작용하여 세포를 활성화시키고 증식시키는 것이다.

마음의 힘을 잘 활용한다면 인간의 뇌는 마음이 바라는 것을 실현시키기 위해 발달하게 된다. 뇌가 인간을 만드는 것이 아니라 인간이 뇌를 만드는 것이다. 당신의 인생은 유전과 환경에 의해 결정되는 것이 아니다. 태생이 좋지 않다거나 기회가 없다고 한탄만 하면서 낮은 곳에 만족해서는 안 된다.

모든 환경은 당신의 성장을 위해 존재한다

인간에게 내재되어 있는 '힘의 원리'는 정신이 바라는 모든 것을 준비해 준다.

어떤 환경에서 태어나고 자랐든 간에 올바른 태도를 익히고 스스로를 고양시키기 위해 굳게 마음먹고 행동한다면 결코 무시당하는 일은 없을 것이다.

인간을 형성하고 성장으로 인도하는 힘은 사회, 경제, 정치와 같은 환경을 지배한다. 이 힘은 결코 대립하지 않는다.

당신에게 잠재되어 있는 힘은 당신 주변에도 존재한다.

당신이 앞으로 나아가면, 당신 주변의 것들 또한 당신의 성장을 뒷받침해 주기라도 하듯이 자연스럽게 정비되기 시작하는 것이다.

인간은 성장할 수 있도록 만들어져 있다. 그리고 인간을 둘러싼 모든 것이 성장을 돕기 위해 존재하고 있다.

당신의 영혼이 자각하고 전진하기 위한 첫걸음을 내딛음과 동시에 당신은 자연과 사회, 동료들까지 모두 당신을 위해 존재하고 있다는 것을 깨닫게 될 것이다.

사람이 '힘의 원리'에 따른다면 모든 것이 그 사람의 성장을 위해 작용하게 된다.

가난조차도 위대한 인물이 되는 데 걸림돌이 되지는 못한다. 왜냐하면 가난은 어떤 상황에서라도 극복할 수 있기 때문이다.

종교 개혁자인 마틴 루터는 어릴 때 거리에서 노래를 부르며 동냥을 했다.

박물박사 칼 폰 린네(Carl von Linne, 1707~1778, 스웨덴의 식물학자)는 교육비로 40달러밖에 없었다. 그래서 스스로 신발을 수선하고 친구들에게 밥을 얻어먹으며 공부했다.

석공 견습공이었던 휴 밀러(Hugh Miller, 1802~1856, 스코틀랜드 지질학자)는 채석장에서 지질학 공부를 시작하여 훗날 유명한 지질학자가 되었다.

증기기관차를 처음으로 실용화시킨 조지 스티븐슨(George Stephenson, 1781~1848)은 우수한 토목기사이기도 했다. 하지만 자신의 내면세계를 자각하고 연구를 시작했을 때는 광부 생활을 하고 있었다.

마찬가지로 증기기관을 발명한 제임스 와트(James Watt, 1736~1819)는 병약한 몸으로 인해 학교에 다닐 수 없었다.

대통령이 된 아브라함 링컨 또한 가난한 소년이었다.

사람은 누구나 다 똑같다. 인간의 내면에 존재하는 '힘의 원리'가 모든 악조건을 뛰어넘게 한 것이다.

당신의 내면에도 '힘의 원리'가 존재하고 있다.

만약 당신이 그것을 제대로 활용한다면 그 어떤 유전적 요소도 극복할 수 있으며, 그 어떤 환경과 조건에도 좌우되지 않고 위대하고 강인한 인간이 될 수 있을 것이다.

2
잘못된 사고

이번 장에서는 사고(思考)에 대해 조금 더 생각해보기로 하자.

당신 자신의 사고가 당신을 위대한 인간으로 만들어줄 때까지 당신은 결코 위대한 인간이 될 수 없다.

그러므로 가장 중요한 것은 '생각하는' 것이다.

마음속으로 위대한 것을 생각하고 있지 않다면 현실 세계에서 위대한 일을 행하기란 절대 불가능하다.

위대한 것을 생각하기 위해 당신은 진정으로 성실한 사람이 되지 않으면 안 된다. 그러려면 당신은 자신의 의도가 올바르다는 것을 깨달을 필요가 있다.

성의 없는, 혹은 거짓된 생각은 아무리 논리적이고 훌륭한 것이라 할지라도 결코 위대한 것이 될 수 없다.

제일 먼저, 그리고 가장 중요한 단계는 인간관계에 대한 진리의 추구이다.

바꿔 말하자면 당신이 타인에게 있어 어떤 인간이어야 할지, 그리고 그들이 당신에게 있어 어떤 인간이어야 할지를 깨닫는 것이다.

당신은 여기서 다시 한 번 올바른 사고방식을 가질 필요가 있다. 당신은 생물적 진화와 사회적 진화에 대해 배워야 한다.

다윈과 사회운동가이며 건축가인 월터 토마스(Thomas Ustick Walter, 1804~1887)의 책을 읽어보길 바란다.

그리고 다 읽은 다음 생각해 보라. 당신이 세상의 모든 것과 인간을 올바르게 볼 수 있을 때까지 몇 번이고 반복해서 생각해 보라.

당신이 정말로 이해할 수 있을 때까지 위대한 의지에 따라 지상에서 일어나는 일들에 대해 생각해 보라.

'진리'는 자신의 외부에서는 발견할 수 없다

다음 단계는 올바른 태도로 자신에 대해 생각하는 것이다. 당신의 사고는 무엇이 올바른 태도인지 당신에게 가르쳐줄 것이다.

영혼의 목소리를 따르면 당신은 올바른 태도를 취할 수 있다.

당신 자신의 내면에 잠재된 최고의 것에 당신을 완전히 맡겨야만 당신은 거짓 없는 사고를 몸에 익힐 수 있다.

이기적인 목적과 왜곡된 의도로 행동한다면 당신의 상념은 잘못된 방향을 향한 채 아무런 능력도 발휘할 수 없게 된다.

당신이 어떤 일에 대처할 때의 방법에 대해 생각해보기 바란다. 당신의 의도, 목적, 행동에 대해 옳다는 생각이 들 때까지 생각하길 바란다.

'영적 물질의 원천'과 완전히 일체가 되기 위해서는 신중하고 충분히 생각해야 한다. 표면적으로는 그렇게 하려고 생각하지만 그것을 정말로 이해하고 실현할 수 있을지는 별개의 문제이다.

'영적 물질'의 힘과 만나기 위해 대자연 속을 탐색하는 일은 간단하다. 그러나 마음의 내면을 들여다보는 것은 그리 간단한 일이 아니다.

그런데 그 마음속에 위대한 힘의 의지는 여전히 존재하고 있다.

당신 영혼의 성역에 있는 가장 신성한 부분에서 당신은 그것과 정면으로 대면할 수 있다. 얼마나 멋진 일인가!

당신이 필요로 하는 모든 것은 이미 당신 내면에 존재하고 있다.

자신이 하고 싶은 일을 하기 위해, 자신이 바라는 사람이 되기 위해 그 힘을 어떻게 하면 자신의 것으로 만들 수 있는지 고민할 필요가 없다. 생각해야 하는 것은 자신이 가지고 있는 힘을 어떻게 하면 올바르게 사용하는가이다.

무조건 시작하라.

진리에 대하여 당신의 직관을 행사하라. 그러면 당신은 오늘 당장이라도 뭔가 진리를 발견할 수 있을 것이다.

그리고 일단 당신이 발견한 그 진리에 따라라. 그러면 내일은 더 많은 진리가 눈앞에 펼쳐질 것이다.

과거의 실패가 아니라 성공만을 생각하라

낡고 잘못된 생각을 걷어내기 위해서는 인간의 가치, 즉 인간 영혼의 가치와 위대함에 대해 충분히 생각해야 한다.

인간의 과오를 바라보지 말고 성공을 바라봐야 한다. 결점을 보지 말고 미덕을 보라.

그러면 당신은 더 이상 인간을 지옥으로 빠져드는 상처입고 방황하는 존재로 보지 않게 될 것이다. 하늘로 올라가고 있는 빛나는 영혼으로 여기지 않으면 안 된다.

그러기 위해서는 의지의 힘을 훈련시킬 필요가 있다.

무엇에 대해 생각할지, 어떻게 생각할지를 결정하는 것은 이치에 맞는 의지를 사용하는 데 달렸다.

의지의 역할은 사고를 인도하는 것이다. 인간의 좋은 면, 매력적이고 사랑스러운 면만을 보라. 그 외의 것들은 생각하지 마라.

'위대한 사고'에 대한 어퍼메이션(Affirmation, 긍정적 선언)

사람을 사랑하는 것은 위대한 일이다.

그리고 그것은 사고에 의해 달성된다. 당신을 위대한 인간으로 만들어주는 것은 이념 이외에 아무것도 없다.

우리는 사상가를 둘로 나눈다. 자기 자신을 위해 생각하는 사람과 타인을 위해 생각하는 사람. 후자는 일반적인 것이고 전자는 예외적인 것이다. 전자는 두 가지 의미에서 스스로 생각하는 사람이며 참된 철학자, 지혜를 사랑하는 사람이다.   *(쇼펜하우어)*

사람을 여는 열쇠는 그 사람의 생각에 있다. 아무리 건장하고 대담해 보일지라도 따르는 방향키가 있다. 그 방향키는 바로 이념이며, 그 사람에 대한 모든 사실은 그 이념을 척도로 나뉜다. 그를 변화시키는 것은 그가 지금 가지고 있는 자기 형상보다 뛰어난 새로운 자기 형상을 표출함으로써만 가능하다.   *(에머슨)*

정말로 훌륭한 생각은 몇천 번 생각한 끝에 나온 결론이다. 하지만 그것을 진실로 자기 것으로 만들기 위해서는 각자의 표현 속에 뿌리를 내릴 때까지 다시 한번 신중하게 생각하지 않으면 안 된다.   *(괴테)*

사람의 겉모습은 그 사람이 가지고 있는 사고의 표출이며 완성형에 불과하다. 효율적으로 일하기 위해서는 명석하게 생각하지 않으면 안 된다. 당당하게 행동하기 위해서는 당당하게 생각하지 않으면 안 된다. *(윌리엄 앨러리 차닝, 미국 신학자)*

위대한 인간이란 정신이 물질적인 힘보다 강하다고 생각하는 사람들이다. 이 사고방식이 세계를 지배한다. *(에머슨)*

어떤 사람들은 평생 동안 여러 가지를 배운다. 그리고 죽을 때는 생각하는 것 이외의 모든 것을 배우고 인생을 마감한다.
(도메르그, 프랑스 어법학자)

우리의 인생을 결정하는 것은 습관적인 사고이다. 그것은 친밀한 사회관계 이상으로 우리들에게 많은 영향을 끼친다. 사고는 우리들이 마음속에 품고 있는 것이며 친한 친구조차 우리의 인생을 결정짓는 데 큰 영향력을 미치지 못한다. *(미국 병사 J. W. 틸)*

신이 위대한 사상가를 이 세상에 풀어놓을 때 수많은 것들이 위험에 처하게 된다. 어떤 학문이라도 내일이 되면 시들어 버릴지 모른다. 거절당하고 비난당하지 않는 문학적 평가, 즉 불멸의 명성이란 있을 수 없다. *(에머슨)*

생각하라! 생각하고, 생각하고, 또 생각해내라!

3
버려야 할 마음

불안과 걱정, 공포를 뛰어넘지 않고서는 절대 위대한 인간이 될 수 없다. 불안으로 초조해 하고 근심 걱정만 하거나, 공포에 질려 있기만 한다면 진리를 꿰뚫어볼 수 없다.

그런 정신 상태로는 모든 균형이 깨져 적절한 관계를 유지할 수 없게 되고, 위대한 '영적 물질'의 사고를 깨달을 수 없게 된다.

만약 당신이 가난하다면, 그리고 일과 경제적 상황에 불안을 느낀다면, 뒤에 나오는 '제3부 부자의 기술' 편을 천천히 읽어볼 것을 강력히 추천한다. 그러면 당신이 직면하고 있는 경제적인 문제가 아무리 크고 복잡해 보일지라도 당신에게 새로운 해결책을 제시해 줄 것이다.

그러므로 경제적인 일로 고민할 필요는 없다.

풍요를 바라는 사람은 누구든지 부족한 것을 채우고 필요한 것을 모두 손에 넣어 풍요를 누릴 수 있다. 당신이 정신력과 영적인 힘을 끌어내려고 하는 것과 마찬가지로 물질적인 욕구 또한 당신이 마음먹기에 따라 충족시킬 수 있다.

이 진리가 당신의 것이 되고 불안이 마음속에서 사라질 때까지 배우고 익혀라. 내가 말하는 '확실한 방법'을 따르기만 한다면 당신은 물질적으로 풍요로워질 것이다.

만약 당신이 건강에 대해 불안을 느끼고 있다면, 당신은 충분히 건강해질 수 있다는 것을 믿기 바란다. 그러면 바라는 대로, 아니 그 이상의 건강을 얻을 수 있다.

부와 정신력, 영적인 힘을 당신에게 전해주려고 하는 '영적 물질의 근원'은 기꺼이 당신에게 건강을 선물해 줄 것이다.

인생의 단순한 법칙에 따라 바르게 살기만 한다면 당신은 원하는 대로 건강하게 살 수 있다. 병을 극복하고 공포를 털어내 버리자.

타인의 성공을 시기할 필요는 없다

경제적인 문제나 신체적 불안을 뛰어넘는 것만으로는 아직 충분하지 않다. 우리의 잘못된 행동도 마찬가지로 극복하지 않으면 안 된다.

무언가가 당신의 욕구를 부추길 때는 내면의 양심에 귀를 기울여 그 동기가 정말 올바른 것인지 확인하라.

욕망을 버리고, 욕망에 지배당하지 말고, 당신이 욕망을 지배해야 한다. 배가 고플 때만 먹고 절대로 지나친 탐욕을 해서는 안 된다.

모든 일에 있어 육체는 정신의 지배를 받아야 한다.

추악한 욕망은 버려라.

부자가 되고 싶다거나, 권력을 쥐고 싶다는 식의 아무런 가치가 없는 동기를 가져서는 안 된다. 영혼을 위해 풍요로워지고 싶다는 바람은 잘못된 것이 아니다. 하지만 육체적 욕구만을 만족시키려고 한다면 그것은 잘못된 탐욕에 지나지 않는다.

자만과 허영심을 버려라.

타인을 지배하려 하거나 이기려고 해서는 안 된다. 이것은 매우 중요한 것이다. 왜냐하면 '타인을 지배하고자' 하는 이기적인 욕망 만큼 유해한 유혹은 없기 때문이다.

축제의 상석에 앉거나, 시장에서 정중하게 인사를 받거나, 선생님 이라고 불리는 것*은 평범한 사람들에게는 너무나 부러운 일이다.

타인에게 뭔가 지배력을 행사하려는 욕망은 이기적인 인간이라 면 누구에게나 내재되어 있는 동기이다. 타인을 지배하는 권력을 얻기 위해 싸우는 것은 경쟁이 심한 세상에서 흔히 있는 일이다.

....

* 축제의 상석에 앉거나, 시장에서 정중하게 인사를 받거나, 선생님이라고 불리는 것……바리새인들의 행동에 대한 예수의 지적. "축제의 상석과 회당의 높은 자리와 시장에서 문안받는 것과 사람들에게 랍비라 불리는 것을 좋아한다." ('마태오복음' 23장 6~7절)

하지만 당신은 그런 세상이나 그런 동기와 욕망을 초월해서 그저 '삶'이라는 것을 추구하지 않으면 안 된다.

시기심을 버려라.

당신은 바라는 것을 무엇이든지 손에 넣을 수 있다. 남이 가진 것을 부러워할 필요는 없다.

더욱 중요한 것은 누구에게든 결코 악의와 증오를 품어서는 안 된다. 그러면 타인의 보물을 갖고 싶은 마음이 사라져 버린다.

개인적인 야심은 모두 버리고 최상의 선을 추구하라. 절대로 가치 없는 이기주의에 좌우되지 않도록 하라.

지금까지 말한 것들을 복습하고 당신을 유혹하는 것을 하나하나 마음속에서 털어 버려라.

그리고 그것들이 접근하지 못하도록 하는 것이다. 온갖 사악한 생각을 버리고, 고귀한 이상에 어울리지 않는 행동과 습관을 하지 않겠다고 맹세하는 것이다. 그러면 위대한 인간이 되기 위해 다음 단계로 나아갈 준비가 된 것이다.

4
두려움의 극복

　사회를 어떻게 바라보는가는 매우 중요하지만, 동료나 지인, 친구, 친척, 가족, 그리고 무엇보다도 당신 자신에 대한 당신의 견해가 더욱 더 중요하다.

　앞에서도 배웠듯이 당신은 세상을 사라져 가는 것, 쇠퇴해 가는 것이 아니라 완성을 향해 앞으로 전진하는 완벽하고 훌륭한 것으로서 바라봐야 한다. 또한 인간을, 길을 잃고 헤매는 저주받은 존재가 아니라 완성을 향해 전진하고 있는 완벽한 존재로서 바라보는 습관을 들여야 한다.

　'나쁜 인간'도 없고 '사악한 인간'도 없다. 무거운 열차를 움직이게 하는 모터는 그 자체로 완벽하다. 열차를 움직이게 하는 기관도 훌륭하다. 그런데 열차가 뒤틀린 레일 위를 달리다가 탈선했다 하더라도 모터와 기관에는 아무런 문제가 없다.

따라서 잘못된 장소에 놓여 있거나 불완전한 채로 혹은 어중간하게 사용하는 것 자체가 나쁜 것은 아니다.

나쁜 사람은 한 사람도 없으며, 설령 그렇게 보였다 할지라도 순간의 실수로 길을 잘못 들었을 뿐이다. 그들은 더할 나위 없이 훌륭한 사람이며, 책망하고 벌을 줄 필요가 없다. 단지, 다시 한 번 제대로 된 레일 위를 달릴 필요가 있을 뿐이다.

미숙하고 불완전한 것들은 우리의 눈에 '나쁜 것'으로 비춰지기 쉽다. 왜냐하면 우리는 그렇게 생각하도록 배워 왔기 때문이다.

씨앗이 아름다운 백합꽃을 피우게 될지 겉으로 봐서는 알 수 없다. 따라서 씨앗을 소홀히 다루는 사람도 있을 것이다. 하지만 그 씨앗에 흰 백합이 감춰져 있다는 것을 안다면 겉모습만으로 씨앗을 경멸하는 것은 어리석은 짓이다.

씨앗도 그 자체로 완벽한 존재이다. 아직 꽃을 피우지 않아 백합으로서 완성되지 않았을 뿐이다.

마찬가지로, 남녀를 불문하고 외모에 아무런 매력이 없더라도 완벽한 존재로서 바라볼 수 있도록 배워야 한다. 그들은 지금 단계로 완벽하며 완성을 향해 나아가고 있는 것이다. 모든 것이 지금 있는 그대로의 모습으로 훌륭하다는 사실을 잊어서는 안 된다.

일단 이 사실을 이해하고 이 관점에서 대상을 바라볼 수 있게 된다면 타인의 결점을 찾아내 비판하려는 생각은 갖지 않을 것이다.

방황하는 영혼을 구하려 할 필요도 없게 되고, 천사들과 함께 화려하게 빛나는 천국 같은 세상의 완성을 향해 노력하게 될 것이다.

누구나 지금 있는 그대로 훌륭한 존재이다

우리가 이런 견해로 타인을 바라본다면, 그저 걸어다니는 막대기 정도로 보이지 않고 이상적인 세계가 상대방에게 투영되어 보일 것이다.

입으로는 좋은 말만 하게 되고 타인을 대할 때도 더욱 관대해질 것이다. 타인을 위대한 인간으로서 보게 되고 조심스런 태도로 만나게 될 것이다.

하지만 만약 이런 견해를 버리고 사람들을 타락하고 방황하는 종자로서 여기게 되면, 우리의 마음도 닫혀 버린다. 사람을 만날 때나 일을 처리할 때도 신중하지 못하고 건성으로 대하게 될 것이다.

따라서 이런 견해를 항상 염두에 두고 잊지 않도록 하라. 그렇게 되면 친구와 지인, 가족과의 관계에 있어서도 위대한 인물들이 사람을 대할 때와 똑같이 대할 수 있게 될 것이다.

자신을 바라볼 때도 마찬가지다.

끊임없이 발전하는 위대한 영혼으로 자신을 바라보지 않으면 안 된다. 그러려면 다음과 같은 말을 반복해서 되뇌어 보자.

내 안에는 나를 만들어준 '영적 물질의 근원'이 있다.

그것은 불완전함이나 나약함, 질병 같은 것과는 완전히 무관하다.

세상은 아직 완성되지 않았지만 내 의식 속에 있는 '영적 물질'은 완벽하며 완성된 존재이다.

그러므로 나 자신의 태도 이외에 잘못된 것은 아무것도 없다. 나 자신의 태도가 잘못된 것은 내가 스스로 내면의 소리를 따르지 않을 때뿐이다.

나는 지금까지 위대한 '영적 물질'을 완벽하게 따르고 있다. 그리고 나 자신을 보다 높은 곳으로 이끌어나갈 것이다. 나는 믿는다. 두렵지 않다.

이 말을 충분히 이해하고 입버릇처럼 반복한다면, 당신은 모든 공포를 극복하고 위대하며 강력한 힘을 가진 인간으로 성장하기 위한 길을 이미 아주 멀리까지 나아가 있게 될 것이다.

5
내면의 목소리에 몸을 맡겨라

세상 사람들과 올바른 관계를 맺기 위한 사고를 몸에 익히게 되면 다음 단계는 '몸을 맡기는' 것이다.

이것의 의미는 아주 간단하다. 내면의 목소리를 따르는 것이다.

당신은, 당신을 끝없이 자극해서 높은 곳을 향하도록 부추기는 뭔가를 내면에 가지고 있다. 그것은 신성한 '힘의 원리'로, 당신은 의심을 품지 않고 그 원리에 따라야 한다.

만약 당신이 위대한 인간이 된다면, 위대함은 당신의 내면에 있는 그 무언가의 표출이다. 아무도 이것을 부정할 수 없으며, 당신 자신도 이 무언가가 매우 위대한 것이라는 데 의문을 품지 않을 것이다.

이 무언가는 마음도 아니고, 지성도 아니며, 이성도 아니다. 이성에 의지하여 '힘의 원리'를 따르지 않는다면 위대한 인간이 될 수 없다.

이성은 원리도 도덕도 모른다.

당신의 이성은 어느 쪽으로 붙을지 고민하는 변호사와도 같다. 성자의 지성이 훌륭한 자선활동을 계획하는 것과 마찬가지로, 도둑의 지성은 약탈과 살인을 계획한다.

지성은 우리가 올바른 일을 하기 위한 최상의 수단과 방법을 찾을 수 있도록 도와준다. 하지만 무엇이 올바른지는 제시해 주지 않는다.

지성과 이성은 사심 없는 인간이 타인을 위해 배려하도록 도움을 준다. 하지만 이기적인 인간에 대해서는 그 사람의 이기적인 목적을 이루기 위해 작용한다.

'힘의 원천'을 무시하고 지성과 이성을 이용한다면, 당신은 매우 유능한 인간으로서 널리 알려질지도 모른다. 하지만 진정으로 위대한 인간으로 알려지는 일은 결코 없을 것이다.

지성과 이성을 단련시키기 위해 너무 많은 훈련이 행해지고 있다. 그러나 내면의 목소리를 따르기 위한 훈련은 거의 이뤄지지 않고 있다.

당신의 태도에 잘못된 점이 있다면, 그것은 '힘의 원리'를 따르지 않았을 때뿐이다. 자기 존재의 중심으로 되돌아가야만 모든 관계에 대해 무엇이 진정으로 옳은 것인지를 깨달을 수 있다.

'내면의 목소리'에 따라 행동하라

위대한 인간이 되어 그 힘을 손에 쥐기 위해 필요한 것은 '위대한 것' 속에서 위대함을 발견하고 당신의 인생을 그것과 일치시키는 일뿐이다.

당신의 마음속에는 여러 가지 사고방식이 있을 것이다. 이미 졸업한 것도 있는가 하면, 습관의 힘으로 당신의 행동을 여전히 지배하고 있는 사고방식도 있을 것이다.

그것들을 전부 다 버려라.

사회적으로든 개인적으로든 별 가치가 없는 습관이 있다. 그것이 당신을 작은 틀에 끼워 넣어 형편없는 행동만을 일삼도록 만들고 있다.

이렇게 모든 걸 알고 있으면서 어째서 당신은 아직까지 그것을 따르고 있는가? 그 모든 것을 다 초월하기 바란다.

나는 지금까지의 습관이나 객관적으로 널리 받아들여지고 있는 선악의 기준을 완전히 무시하라는 것은 아니다. 그런 일은 불가능하며 그래서도 안 된다.

하지만 당신 주변의 수많은 사람들을 얽매고 있는 구속의 대부분으로부터 당신의 영혼을 해방시킬 수는 있다.

시대에 뒤처진 제도와 종교를 지키기 위해 당신의 시간과 정력을 쏟아붓는 것은 그만두도록 하라. 하찮은 신조에 얽매이지 말고 자유로워져야 한다.

당신은 아마도 정신적으로 혹은 육체적으로 뭔가 버릇을 가지고 있을 것이다. 그것을 버려라.

잘못된 방향으로 가고 있는 게 아닐까, 배신당하는 것은 아닐까, 모욕을 당하지는 않을까? 당신은 여전히 이런 근거도 없는 공포심에 사로잡혀 있다. 그런 공포심을 털어 버려라.

당신은 여전히 제멋대로 행동하고 있을지도 모른다. 그런 태도는 버리고, 대신 가장 훌륭하다고 스스로 생각하는 행동을 마음속으로 연상하라.

발전하기를 바란다면, 아직 발전하지 않았다면, 그것은 행동이 사고를 따라가지 못하기 때문이다. 당신은 머릿속으로 생각한 대로 행동하지 않으면 안 된다.

'올바른 지혜'는 이성과 지성이 아니라 '힘의 원리'에 있다

당신의 사고를 '힘의 원리'에 따라 실천하라.

일, 정치, 이웃과의 관계, 가족과의 관계에 있어서는 당신이 연상하는 가장 훌륭한 생각을 표출하는 태도를 취하라. 상대가 위대한 인간이든 평범한 인간이든 간에 당신의 가족에 대해서는 가능한 한 친절하고, 너그럽게 배려하라.

당신의 관점을 잊어서는 안 된다. 당신은 신들 중의 한 명이며 그에 걸맞게 행동하지 않으면 안 되는 것이다.

완벽하게 몸을 맡기기 위한 방법은 전혀 복잡하지 않고 매우 단순하다. 만약 당신이 위대한 인간이 되고자 한다면 육체적인 충동에 의한 행동은 할 수 없을 것이다.

자신의 마음을 육체가 따르게 하지 않으면 안 된다. 그런데 당신의 마음에 '힘의 원리'가 없다면, 당신을 이기주의와 부도덕한 행동으로 인도할 것이다. 따라서 당신은 스스로의 마음을 영혼의 목소리에 따르게 할 필요가 있다.

당신의 영혼은 당신이 가진 지식의 한계를 뛰어넘을 수는 없다.

그러므로 당신은 스스로의 영혼을 '위대한 것'의 인도에 따르도록 하지 않으면 안 된다. 그것을 이해하려 할 필요는 없다. 그 눈앞에는 모든 것이 펼쳐져 있으므로 그저 몸을 맡기기만 하면 된다.

그러기 위해서는 아래 글을 되뇌이길 바란다.

나는 나의 육체를 내 마음에 따르게 하겠다. 나는 자신의 마음을 영혼에 따르게 하고, 더 나아가 영혼을 신의 인도에 맡기겠다.

이처럼 자신을 완벽하게 '위대한 것'에 맡기면, 당신의 힘은 강해지고 위대한 인간이 되기 위한 두 번째 높은 계단을 오르게 된다.

6
'생각'을 그리는 방법

인간인 당신은 '근원적 물질'이며 '의식을 가진 물질'로서 그 사고 중추를 담당하고 있다.

근원적 물질의 사고는 창조력을 겸비하고 있다. 당신이 무엇을 생각하고 어떤 청사진을 그리든 간에 그것은 눈에 보이는 물질적인 형태를 띤 존재가 아니면 안 된다.

'생각하는 물질'이 가진 청사진은 현실의 것이다. 눈으로 볼 수 있든 없든 간에 실제로 존재하는 것이다. 당신이 일단 마음속으로 무언가 연상하면 눈에는 보이지 않지만 거기서 연상된 것들이 당신을 둘러싼다.

만약 당신이 뭔가를 바란다면, 그것을 생생하게 떠올리고 선명한 청사진이 될 때까지 계속해서 마음속으로 연상하라.

당신의 행동이 위대한 마음과 일치한다면 그것은 구체적인 형태로 당신 앞에 나타날 것이다. 이것은 우주가 만들어진 법칙을 따르지 않으면 안 된다. 따라서 부정적인 청사진을 만들어서는 안 된다.

건전한 이미지를 연상하라. 강하고 완벽하게 당신의 청사진을 그려라. 그리고 이 청사진을 창조적인 지성에 이식시켜라.

당신의 행동이 육체가 만들어낸 법칙에서 벗어나는 것이 아니라면 당신의 청사진은 당신의 육체로 표출될 것이다. 청사진은 자연의 법칙에 따라 그것을 실현하는 것이다.

당신에게 실현 불가능한 '청사진'은 없다

당신이 바라는 모습의 청사진을 만들어라. 상상력을 총동원해 완벽에 가까운 이상적인 모습을 그려내는 것이다.

예를 들어 법률을 공부하는 젊은 학생이 위대한 인간이 되기를 바라고 있다고 하자. 그는 사물에 대한 올바른 견해를 가지고 위대한 힘에 몸을 맡긴 채 한결같이 위대한 변호사가 된 자신의 모습을 청사진으로 그렸다.

판사나 배심원 앞에서 수많은 웅변으로 강인한 인상을 심어주며 사건에 대하여 변론하는 모습, 진리와 지혜, 지식을 자유자재로 펼치는 모습……. 가능한 한 구체적인 장면으로 위대한 변호사가 되어 활약하고 있는 모습을 연상한다.

실제로는 아직 학생 신분이지만 청사진 속에서는 이미 훌륭한 변호사가 되어 있다. 그것을 잊지 않는다면 청사진이 더욱 구체화되어 그 어떤 상황에서라도 마음속에 존재하게 된다.

드디어 그는 내외적으로 창조적인 에너지가 흘러넘치게 된다. 그리고 흘러넘치는 생각들을 구체적인 형태로 드러내기 시작한다. 필요한 것들이 외부로부터 청사진 속으로 들어가 그로 하여금 행동으로 옮기도록 부추기게 된다.

그는 자신을 청사진 속의 자신과 맞춰가며 '위대한 것'에서 힘을 얻을 수 있게 된다. 그가 자신이 바라는 존재가 되는 것을 아무도 방해할 수 없을 것이다.

마찬가지로 음악을 배우는 학생이 마음속으로 그리는 것은 아름다운 하모니로 수많은 관중들을 기쁘게 하는 연주가로서의 모습이다. 배우는 예술에 관해 상상할 수 있는 최고의 이상형을 만들어 그것에 자기 자신의 모습을 맞춰가는 것이다. 농부와 기능공도 마찬가지다.

당신이 되고 싶은 이상형을 연상하라.

그리고 충분히 생각하고 바른 선택을 하고 있는지 확인하라.

당신 자신의 선택을 믿어라

올바른 선택이란 당신이 가장 만족할 수 있는 선택을 의미한다.

주변의 조언과 의견에 너무 휘둘려서는 안 된다. 무엇이 당신에게 어울리는지 가장 잘 아는 사람은 바로 당신이다.

타인의 의견에 귀를 기울일 필요는 있다. 하지만 어떤 상황에서도 결론은 스스로 내리길 바란다. 당신이 어떤 인간이 되어야 할지를 타인에게 결정하게 해서는 안 된다. 당신은 자신이 '이렇게 되고 싶 다'고 생각하는 사람이 되어야 한다.

의무에 대한 잘못된 사고방식에 휘둘려서는 안 된다. 당신 자신을 최대한으로 살릴 수 있는 것을 방해하는 의무는 질 필요가 없다. 자 신에게 정직하고, 누구에게도 자신을 속여서는 안 된다.

자신이 바라는 모습을 결정했다면 상상력을 총동원하여 청사진 을 만들기 바란다. 그 청사진을 마치 이미 일어난 일인 것처럼, 당 신 자신에 대한 진실인 것처럼 그것을 믿는 것이다.

반대 의견에는 눈을 질끈 감아버려라. 어리석다거나 꿈만 꾸고 있 다는 평가도 신경쓰지 말라.

끊임없이 꿈을 꿔라. 굶주림으로 고통스러워하던 군인 나폴레옹 은 끊임없이 자신을 부대의 사령관이며 프랑스의 지배자라고 생각 했다. 그리고 마음속으로 그렸던 모습 그대로의 사람이 되었다. 당 신도 그렇게 될 수 있다.

지금까지 이 책에서 말한 것들에 주의깊게 귀를 기울이고 다음 장에서 나오는 것들을 따른다면, 당신은 자신이 바라는 모습의 사 람이 될 수 있다.

7
직관을 믿어라

당신이 여기서 이 책을 덮어버린다면 결코 위대한 사람이 되지 못한 채 그저 몽상가, 공상가로 끝나버리고 말 것이다.

실제로 많은 사람들이 여기서 포기하고 만다. 그들은 이상을 실현하고 청사진을 실현하기 위해서는 바로 지금 행동해야 한다는 것을 깨닫지 못했다.

당신에게 필요한 것은 두 가지이다.

첫째는 청사진을 만드는 것, 둘째는 그 청사진에 어울리는 행동을 취하는 것이다. 첫 번째에 대해서는 이미 말했고, 여기서는 두 번째에 대해 자세히 설명하기로 하겠다.

당신이 자신의 청사진을 만들었을 때 당신은 마음속에 '이렇게 되고 싶다'고 바라는 사람이 되어 있다. 내면적으로는 이미 위대한 인물이지만 행동으로는 아직 나타나지 않았다.

따라서 이제는 표면적으로도 '이렇게 되고 싶다'고 바라는 모습의 인간이 되지 않으면 안 된다. 그렇다고 해서 지금 당장 큰 일을 해낼 수는 없다. 태어나면서부터 위대한 배우, 변호사, 음악가가 될 수는 없는 것이다.

세상 사람들은 아직 아무도 당신에 대해 모른다. 따라서 당신에게 중요한 일을 맡기려고 하지도 않는다. 하지만 작은 일부터 하나씩 차근차근 시작한다면 언제든지 가능한 일이다.

여기에 모든 비밀이 숨겨져 있다. 당신은 오늘부터 가정에서든, 직장에서든, 거리에서든, 어디에 있든 간에 위대한 인간이 될 수 있다. 모든 일을 훌륭하게 처리함으로써 위대한 인간으로 널리 알려지게 되는 것이다.

당신은 자신의 위대한 영혼의 힘을 모든 행동에 쏟아붓지 않으면 안 된다. 설령 그것이 아무리 작고 하찮은 일이라 할지라도 말이다. 그리고 당신의 진정한 모습을 가족과 친구, 이웃에게 보여주는 것이다.

자만해서는 안 된다. 자신이 얼마나 훌륭한 인물인지 이러쿵저러쿵 말해서도 안 된다. 그저 자신의 삶 속에서 실천하는 것이다.

"나는 위대한 인간이다."라고 아무리 말하더라도 아무도 믿어주지 않을 것이다. 하지만 당신이 행동으로 보여준다면 누구도 의심하지 않을 것이다.

가정에서는 공평하고 너그럽게 배려하는 마음을 가져라. 그러면 당신의 가족, 아내와 남편, 아이, 형제는 당신이 위대한 인간이며 고상한 영혼을 가졌다는 것을 깨닫게 될 것이다.

사람들에게는 항상 공정하고 관대하며 친절하게 대하라. 그렇지 않으면 위대한 인간이 될 수 없다. 이것이야말로 당신이 진정으로 취해야 할 태도이다.

직관에 따라 행동하라

가장 중요한 것은 진리에 대한 당신 자신의 직관을 완전히 신뢰하는 것이다.

성급하게 일을 진행해서는 안 된다. 모든 일에 있어서 신중할 수 있도록 명심하라. '나는 올바른 길이 무엇인지 잘 알고 있다.' 라는 생각이 마음속에 자리 잡을 때까지 기다리지 않으면 안 된다.

그리고 기회가 찾아오면, 비록 세상 사람들이 당신에게 반대를 하더라도 자신의 신념에 따라야 한다.

모든 일에 있어 당신에게 말을 걸고 있는 위대한 힘의 목소리를 믿고 따르지 않는다면, 더욱 더 많은 지혜와 지식을 받아들일 수 없을 것이다.

그것이 올바른 행위라고 마음속으로 느낀다면 실행에 옮겨라. 어떤 결과가 나올지 의심해서는 안 된다.

그것이 진실이라고 굳게 믿는다면 언뜻 보기에 힘들어 보이는 것일지라도 당신의 믿음대로, 당신의 마음이 가는 대로 행동하라.

큰 일의 진리에 대한 직관을 높이는 방법은 작은 일에 대하여 당신이 지금 느끼고 있는 직관력을 완전히 믿는 것이다.

당신은 이 힘 — 진실을 꿰뚫어보는 직관력 — 을 고양시켜야 한다. 위대한 근원적 지식에서 메시지를 읽고 그 의사에 따라 움직이고 있다는 것을 잊어서는 안 된다.

전지전능한 존재의 입장에서 본다면 큰 일이든 작은 일이든 별반 다르지 않다. 신은 태양을 있어야 할 곳에 놓음과 동시에 참새와 당신의 머리카락에도 주의를 기울이고 있다. 나라에서 벌어지는 중대사들과 마찬가지로 일상의 평범한 일들에도 매우 흥미를 갖고 있는 것이다.

당신에게는 진리를 꿰뚫어보는 능력이 있다

당신은 정치문제와 마찬가지로 가족과 이웃 사이에 벌어진 일들에 대해서도 진리를 파악할 수 있다.

그 첫걸음은 당신 눈앞에 펼쳐지는 일상의 모든 일들에 대한 진리를 완전히 믿는 것이다.

당신이 그것을 강력하게 바란다면, 아무리 이성의 목소리나 타인의 판단에 거스르는 것처럼 보여도 그대로 전진하라.

타인의 의견과 조언을 듣는 것은 필요하지만, 동시에 자기 내면의 목소리에도 귀를 기울이고 자신이 마음속 깊이 옳다고 느끼는 대로 행동하라.

그 어느 때라도 진리에 대한 당신의 직관을 전폭적으로 신뢰하라.

위대한 것의 목소리, 내면의 목소리를 듣는 것 — 이 점을 잊어서는 안 된다. 초조와 공포, 불안한 마음으로 행동해서는 안 된다.

자신을 둘러싼 모든 것에 존재하는 진리에 대하여 당신의 직관을 굳게 믿어라.

만약 어떤 사람이 어느 특정한 날 특정 장소에 있을 것이라는 강한 느낌이 든다면, 그것을 의심하지 말고 그 사람을 만나기 위해 그 날, 그 장소로 가 보라. 절대로 있을 수 없는 일이라고 여길지 모르지만 그 사람은 반드시 그곳에 있을 것이다.

사람들이 협력해서 무언가를 하고 있다고 느꼈다면 그 직관을 믿어라. 만약 당신이 가까이 있든 멀리 있든, 과거든 현재든 미래든 간에 어떤 상황과 사건이 일어났다고 확신한다면 그 직관을 믿어라.

처음에는 내면의 목소리를 완전히 이해할 수 없어 실패할지도 모른다. 하지만 얼마 되지 않아 대부분의 경우에 올바른 판단을 내릴 수 있게 될 것이다.

그리고 당신의 가족과 친구들도 당신의 판단이나 말을 따르게 될 것이다. 이웃도 당신에게 조언을 들으러 찾아올 것이다.

당신은 사소한 일조차도 훌륭하게 처리할 수 있는 사람이라고 여기게 될 것이다. 그리고 점점 더 큰 일을 맡기게 될 것이다.

필요한 것은 어떤 경우라도 당신 내면의 빛, 진리를 꿰뚫어보는 직관력에 완전히 몸을 맡기는 것이다.

당신의 영혼을 따르고 당신 자신을 100% 신뢰하라. 의문을 품거나 실패할지도 모른다는 생각을 품어서는 안 된다.

8
초조함과 맞서라

　당신은 아마도 많은 문제를 떠안고 있을 것이다.

　가족에 대한 고민도 있을 것이고, 사회에 대한 고민이나 경제적인 고민도 있을 것이다. 당신 눈에는 그것들이 한시라도 빨리 해결해 주기를 바라는 것처럼 보일 것이다.

　당신에게는 갚아야 할 빚이 있을 수도 있고, 하지 않으면 안 되는 의무가 있을지도 모른다. 당신은 역경에 처해 있어 어떻게든 해결하지 않으면 안 된다고 생각하고 있을 것이다.

　하지만 아무리 그렇다고 해도 초조해하지 마라.

　그때그때 생각나는 대로 행동해서는 안 된다.

　자신이 떠안고 있는 난관을 극복하기 위해서 당신은 위대한 존재에 모든 것을 맡길 수 있다. 서둘러서는 안 된다. 모든 것은 다 잘 풀리게 되어 있다.

당신 내면에는 그 어떤 것과도 싸워 이길 수 있는 힘이 있으며 그 힘은 당신의 바람 속에 있다. 그 힘이 당신이 원하는 것을 가져다주고 당신 자신을 그것에 가까이 가게 해 줄 것이다.

당신은 이것을 이해하고 항상 잊어서는 안 된다. 당신 내면에 존재하는 것과 똑같은 지성이 당신이 바라는 대상 속에도 존재한다.

당신의 욕구가 당신이 바라는 것을 향해 당신을 움직이게 하듯이, 당신이 바라는 것 또한 당신을 향해 다가온다. 사고의 힘은 바라는 것을 당신에게 선물하고 그것들을 당신 주변으로 모이게 한다.

당신이 올바른 사고와 신념을 가지고 있는 한 모든 것은 반드시 잘 풀릴 것이다.

당신의 태도 이외에 잘못된 것은 없다. 두려움을 버리고 믿는다면 당신이 잘못된 태도를 취하는 일도 없을 것이다.

초조함은 '강함'을 '약함'으로 바꿔버린다

초조함은 두려움의 표현이다.

두려움이 없다면 시간은 충분하다. 만약 당신이 진리에 대한 당신 자신의 직관에 따라 한치의 의심도 없이 행동한다면 어떤 일에 대해서도 절대 늦거나 빠른 일은 없다. 모든 것이 잘 풀릴 것이다.

일이 잘못된 방향으로 진행되는 것처럼 보이더라도 동요해서는 안 된다. 그것은 겉으로 보이는 모습일 뿐이며 이 세상에는 당신 자신 이외에 잘못된 것은 아무것도 없다.

당신이 잘못됐다면 그것은 잘못된 정신 상태에 빠졌을 때뿐이다.

흥분하고, 불안에 싸여 초조해 하는 자신을 발견했을 때는 잠시 앉아서 깊이 생각해 보라. 기분 전환을 위해 휴식을 취하는 것도 좋다. 여행이라도 갔다가 돌아오면 모든 것이 다 잘 풀리게 될 것이다.

초조함과 두려움은 당신을 위대한 인간과 거리가 먼 정신 상태로 만들어 우주와 당신의 연결고리를 곧바로 끊어버리고 만다. 냉정해지지 않으면 힘도, 지혜도, 도움이 되는 정보도 손에 넣을 수 없다.

초조함은 당신 내면에 있는 '힘의 원리'의 작용을 방해한다.

두려움은 강함을 약하게 바꿔버린다.

마음의 안정과 힘은 불가분의 관계라는 것을 결코 잊어서는 안 된다. 냉정하고 균형 잡힌 마음은 강하고 위대한 것이다.

초조함과 흥분을 느끼는 마음은 약한 것이다.

서두르는 마음이 들 때 당신은 자신이 올바른 사고를 할 수 없다는 것을 깨닫자. 당신은 세상이, 혹은 그 일부가 잘못된 방향으로 진행되고 있다고 오해하기 시작한 것이다.

이럴 때는 '모든 것은 진화한다'(44쪽) 편을 다시 읽어보자. 이 세상은 지금 있는 그대로이며 이미 완벽하다는 사실에 대해 다시 한 번 생각해 보자.

잘못된 방향으로 진행되고 있는 것은 아무것도 없으며 있을 수도 없다. 동요하지 말고 마음을 차분하게 가라앉혀 밝은 마음을 갖자. 그저 위대한 힘의 의지를 믿기만 하면 된다.

어퍼메이션(affirmation, 긍정적 선언)으로 '사고 습관'을 극복하라

다음은 습관에 대하여 이야기해 보자. 당신에게 있어서 가장 힘든 문제는 습관이 되어버린 사고를 극복하는 것과 새로운 습관을 익히는 것이다.

세상은 습관의 지배를 받고 있다.

왕과 폭군, 지배자와 재벌이 그 위치를 유지하고 있는 것은 사람들이 그들을 그 자리에 있는 것이 당연하다고 여기고 있기 때문이다. 모든 것은 사람들이 그것을 현재 있는 그대로의 상태로 받아들이기 때문에 지금의 상태가 유지되는 것이다. 사람들의 습관적인 사고가 바뀐다면 현 상태도 바뀔 수밖에 없다.

당신은 자기 자신을 아주 평범한 사람으로, 한정된 능력만 가진 사람으로, 혹은 뭔가 결점을 가지고 있는 인간으로 생각하는 습관이 몸에 배어 있다.

당신이 어떻게 생각하든 당신은 당신 스스로가 생각한 대로의 인간이다. 따라서 앞으로는 지금보다 더 훌륭한 습관을 몸에 익히지 않으면 안 된다.

자신이 무한의 힘을 지닌 존재라는 의식을 가지고 언제나 그렇게 생각하는 습관을 익히지 않으면 안 된다.

당신의 운명을 결정하는 것은 지금 생각하고 있는 것이 아니라 습관적인 사고이다.

일을 하면서 하루 중 대부분의 시간을 '나는 대단하지 않은 사람이다.' 라고 생각하고 있다면, 일하는 동안 짬짬이 시간을 내어 '나는 위대한 인간이다.' 라고 생각하더라도 아무 도움이 되지 않는다.

아무리 기도를 하고 긍정적인 말을 외쳐도, 마음속으로 자신은 하찮은 인간이라고 계속 생각한다면 결코 위대한 인간이 될 수 없다.

기도와 어퍼메이션(긍정적 선언)을 하는 것은 습관이 되어버린 당신의 사고를 바꾸기 위함이다.

어떤 행동도 정신적인 것이든 육체적인 것이든 간에 몇 번이고 반복하면 습관이 된다.

정신적인 훈련의 목적은 일정한 사고방식이 습관이 될 때까지 끊임없이 반복하는 것이다. 그렇게 계속해서 반복하다 보면 그것은 결국 확신으로 바뀌게 된다.

당신이 반드시 해야 할 것은 그것이 자기 자신의 유일한 사고방식이 될 때까지 새로운 사고를 끝없이 반복해야 한다는 것이다.

환경과 상황이 아니라 습관적인 사고가 지금의 당신 모습을 만들어 버렸다. 누구나 자기 자신에 대해 생각하거나 나름대로의 청사진을 가지고 있다.

자신은 위대하고 강한 인간이라고 생각하거나, 한계가 있는 평범하고 약한 인간이라는 생각 ― 둘 중 하나의 생각에 따라 자기 주변의 사실을 정리하고 있다.

만약 당신이 후자의 청사진을 가지고 있다면 자신에 대한 사고방식을 바꾸고 새로운 자기 모습을 확립하도록 하라.

표면적인 말만 반복하여 늘어놓으면서 위대한 인간이 되려고 해서는 안 된다. 새로운 사고방식을 몸에 익히고 당신 주변의 사실을 정리하여 어떤 상황에서라도 대처할 수 있을 때까지 당신 자신의 힘과 능력에 대한 새로운 사고를 끝없이 반복해야 한다.

뒷장에서 그에 대한 구체적인 마음의 훈련과 새로운 방향의 모색에 대해 이야기하도록 하겠다.

9
지금 당장 할 수 있는 일

'이제부터 위대한 인간이 될 생각이다.' 라고 생각해서는 안 된다. '나는 이미 위대한 인간이다.' 라고 생각하라.

언젠가 멋진 일을 해내고 말겠다고 생각해서는 안 된다. 지금 당장 시작해야 한다.

어디 다른 곳에 가서 훌륭한 인간이 되겠다고 생각해서는 안 된다. 지금 있는 곳에서 훌륭하게 행동해야 한다.

큰 일을 맡게 되면 그때 훌륭하게 처리하겠다고 생각해서는 안 된다. 사소한 일이라도 전력을 다해야 한다.

훨씬 더 지적인 사람과 당신을 좀 더 잘 이해해 주는 사람과 만나게 된다면 위대한 인간이 될 수 있다 — 이런 생각도 버려라. 지금 당신 주변에 있는 사람들과 올바르게 만나는 데서부터 시작해야 한다.

설령 지금은 힘과 재능을 최대한으로 발휘할 수 있는 환경이 아닐지라도 언젠가 때가 오면 그런 곳으로 옮길 수 있다. 하지만 그 전에 지금 있는 장소에서도 위대한 인간이 될 수 있다.

링컨은 시골 변호사였을 때도 대통령이 되었을 때와 마찬가지로 위대한 인간이었다. 시골 변호사로서 그는 아주 당연한 일들을 훌륭하게 처리했다. 그리고 그런 행동들이 그를 대통령으로 만들어 주었다.

만약 링컨이 '워싱턴에 가게 되면 위대한 인간이 되자.'라고 생각했다면 틀림없이 이름조차 알리지 못한 인간으로 생을 마감했을 것이다.

당신은 지금 있는 장소에서도 위대해질 수 있다

당신은 장소 덕분에 위대해지는 것이 아니다.

주변 환경 덕분에 위대해지는 것도 아니다.

당신은 타인으로부터 받은 영향 덕분에 위대해지는 것이 아니다. 타인에게 의존하고 있는 한 결코 위대함을 증명할 수 없다. 자신의 두 발로 일어서야 그것이 가능해지는 것이다.

물건이든, 책이든, 사람이든 간에 당신 외부에 있는 것에 의존하려는 생각을 버려라. 에머슨이 말한 것처럼 "셰익스피어를 연구한다고 해서 셰익스피어가 될 수는 없다." 셰익스피어가 되기 위해서는 셰익스피어다운 사고방식을 몸에 익히지 않으면 안 된다.

당신의 가족은 물론 주변 사람들이 어떤 식으로 당신을 대하든 결코 신경써서는 안 된다. 그것은 당신이 위대한 인간이 되는 것과 아무 관계도 없으며 아무런 방해 요소도 되지 않는다.

당신을 무시하고, 고마워하지 않고, 불친절한 태도로 대하는 사람도 있을 수 있다. 그렇다고 해서 당신이 그런 사람에게 위대한 인간으로써 대하지 못할 이유가 되겠는가?

사람들이 고마워하지 않는다고 해서 신이 화를 내며 사라져 버린다면 신으로서 경배할 수 없을 것이다. 우리는 신이 하는 것처럼 고마워할 줄 모르는 사람과 악인들에 대해서도 훌륭하고 더할 나위 없이 친절하게 대해야 한다.

자신의 위대함을 떠벌려서는 안 된다.

당신이 아무리 위대한 사고방식을 몸에 익혔다 하더라도 본질적으로 주변 사람들보다 위대하다고 할 수는 없다. 그들이 아직 깨닫지 못한 삶의 방식과 사고방식을 몸에 익혔을 뿐이며, 그들은 지금 그들의 사고와 행동 단계에 있어서 완벽한 존재이다.

위대한 인간이라고 해서 그것이 특별한 영예와 배려에 해당하지는 않는다. 신과 같은 존재라 할지라도 수많은 신들 중의 한 명에 불과할 뿐이다.

타인의 결점과 실패를 발견하고 그것을 자신의 미덕이나 성공과 비교한다면 당신은 거만한 인간이 되고 만다. 그렇게 되면 이미 위대한 인간이라 할 수 없고 하찮은 인간이 되고 말 것이다.

모든 사람을 동등하게 대하라

자기 자신을 수많은 완벽한 존재 중의 하나라고 생각하라.

누구를 만나든 자신보다 우수하거나 열등하다고 생각하지 말고 동등한 인간으로 대하라. 결코 거만한 태도를 취해서는 안 된다. 위대한 인간은 결코 그런 행동을 하지 않는다.

명예욕에 사로잡히고 남들의 인정을 받으려고 생각해서는 안 된다. 당신이 그만한 가치가 있는 사람이 된다면 그런 것들은 저절로 당신의 것이 된다.

그러므로 먼저 가정에서부터 시작하라. 위대한 인간은 집안에서 항상 차분하고 당당한 태도를 취하며, 냉정하지만 더 없이 부드럽게 배려하는 마음을 가지고 가족들을 대할 수 있다.

만약 가족에 대한 당신의 태도가 생각할 수 있는 최선의 것이라면 당신은 가족들 모두가 의지하는 존재가 될 것이다. 곤란한 일이 생겼을 때는 강한 보호자가 되어 집안의 믿음직한 기둥이 될 것이다. 당신은 가족으로부터 사랑받는 소중한 존재가 될 것이다.

단, 가족에 대한 봉사로 자기 자신을 잃어버리는 과오를 범해서는 안 된다. 위대한 인간은 먼저 자기 자신을 소중히 여긴다. 가족을 위해 최선을 다하고 도움을 주지만 결코 아첨하지는 않는다.

가족의 노예가 됨으로써, 혹은 가족 중 누군가가 할 일을 대신 함으로써 가족들에게 도움이 되지는 않는다. 지나친 배려는 오히려 상대방에게 해가 될 뿐이다.

이기적이고 요구가 많은 인간의 부당한 요구는 거절하는 것이 상대에게 훨씬 도움이 된다.

이상적인 세상이란 많은 사람들이 다른 사람을 부리는 세상이 아니다. 모든 사람이 자기 스스로 해결할 수 있는 세상이다.

가족들의 온갖 요구에 대해서는 설령 그것이 이기적인 것이든 아니든 간에 완벽한 친절함과 배려로써 대해야 한다. 하지만 가족이라고 하더라도 변덕스럽고 무리한 요구와 당신을 얽매는 욕구의 노예가 되어서는 절대로 안 된다.

그것은 아무런 의미도 없는 일일 뿐더러 상대에게도 오히려 해가될 따름이다.

타인의 실패에 간섭할 필요는 없다

가족 중에 누군가가 실패를 하더라도 걱정할 필요는 없다. '어떻게든 해줘야겠어.'라고 생각할 필요가 없다.

가족이 잘못된 방향으로 나가는 것 같아도 동요할 필요는 없으며, 나서서 그들을 바른 방향으로 인도하지 않으면 안 된다고 생각할 필요도 없다.

누구나 지금 단계에서 나름대로 완벽하다는 것을 잊어서는 안 된다. 위대한 힘에 손을 대는 일은 불가능하며, 아무리 가깝고 소중한 존재라 할지라도 개인적인 일에는 간섭해서는 안 된다. 당신이 간섭할 문제가 아니다.

당신 자신의 태도 이외에 잘못이란 없다. 올바른 태도를 취한다면 자신 이외의 것들이 모두 올바른 상태라는 것을 깨달을 수 있다.

자신과는 다른 사람과 함께 살면서 그들에 대한 비판과 간섭을 그만둘 때, 당신은 진정으로 위대한 영혼을 가진 사람이 될 것이다.

자신이 옳다고 생각하는 일을 하라.

당신 가족들 또한 그들이 옳다고 생각하는 일을 하고 있다고 믿어라. 틀린 사람도 없으며 잘못된 것도 없다. 모든 것은 아주 원만하게 돌아가고 있다.

다른 사람의 노예가 되어서는 안 되며, 동시에 당신이 옳다고 믿는다고 해서 그것을 타인에게 강요해서도 안 된다.

중요한 것은 생각하는 것이다.

항상 깊이 생각하는 것이다.

가족에게는 배려로 대하고, 열등한 존재와 함께 하고 있는 위대한 존재가 아니라 위대한 인간들 속에 있는 한 명의 위대한 존재로서 행동하라. 이것이 가정에서 위대한 인간이 되는 비결이다.

10
사람을 매료시키는 태도

가정에서 적용되는 행동 법칙은 다른 모든 곳에서도 적용되지 않으면 안 된다. 당신은 가장 위대한 인간과 똑같은 위대한 인간이지만 다른 사람들도 역시 위대한 인간이다.

진리에 대한 당신의 직관을 100% 믿어라.

이성보다는 내면의 빛을 신뢰하라.

당신의 직관을 반드시 내면의 빛에서 이끌어낼 수 있도록 하고 조화롭고 냉정한 행동을 취하길 바란다.

마음을 차분히 가라앉히고 위대한 마음과 하나가 되라. 당신과 다른 사람의 인생에 무슨 일이 생기든 간에 당신을 올바른 길로 인도하는 데 필요한 모든 지식을 알려줄 것이다.

당신에게 필요한 것은 오직 하나뿐이다. 그것은 더없이 냉정해져서 내면의 영원한 예지를 신뢰하는 것이다.

신념을 가지고 조화로운 행동을 취한다면 당신은 항상 올바른 판단을 내리게 된다. 당신은 어떤 상황에서도 무엇을 해야 할지 정확하게 알 수 있으며, 서두를 필요도 없고 걱정할 필요도 없다.

전쟁으로 암울한 나날들을 보내던 링컨을 떠올려 보라. 제임스 프리맨 클락(James Freeman Clarke, 1810~1888) 목사는 프레드릭스버그 (Fredericksburg) 전투가 끝나고 국민들에게 성실히 대하며 희망을 준 사람은 오로지 링컨뿐이라고 말했다.

미국 전체에서 모여든 수백 명의 지도자들이 비통한 얼굴로 링컨의 집무실에 모여들었다. 하지만 집무실을 나올 때는 모두 활기찬 표정과 함께 희망으로 가득 차 있었다고 한다.

그들은 가장 위대한 인물을 만나, 깡마르고 볼품없지만 인내심 강한 인물을 통해 무의식적으로 신의 존재를 느꼈던 것이다.

당신 또한 무슨 일이 일어나더라도 맞설 수 있는 당신의 능력을 절대적으로 신뢰하라.

고독을 불안으로 여길 필요는 없다

설령 혼자라 할지라도 허둥댈 필요는 없다. 당신에게 친구가 필요하다면, 정말로 친구가 필요할 때 당신을 찾아오게 될 것이다.

아무것도 모른다고 해서 불안해할 필요는 없다. 당신에게 있어 필요한 지식은 당신이 그 지식을 필요로 할 때 저절로 찾아올 것이다.

당신 내면에서 당신을 움직이게 하는 것은 당신이 필요로 하는 것과 사람들 속에도 있으며, 그것들이 당신을 자연스럽게 찾아올 것이다. 만약 누군가를 알아야 할 필요가 있다면 그 사람을 자연스럽게 소개받게 될 것이다. 만약 읽어야 할 책이 있다면 정말 필요할 때 당신 손에 들어오게 될 것이다.

당신이 필요로 하는 모든 지식은 외적으로든 내적으로든 당신을 찾아오게 되어 있다.

당신이 가지고 있는 정보와 재능은 필요할 때마다 필요한 만큼 생기게 된다.

예수는 제자들에게 "재판관 앞에 서게 된다고 해도 무슨 말을 해야 할지 걱정할 필요가 없다."고 했다. 그는 제자들의 내면의 힘이 그 상황에 필요한 만큼 확실하게 존재한다는 것을 알고 있었던 것이다.

생동감 있는 뇌는 위대한 행위에서 탄생한다

당신이 스스로 자각하고 자신의 능력을 위대한 방법으로 쓰기 시작한다면 당신은 곧바로 그 힘을 뇌를 발전시키기 위해 쓰게 될 것이다. 새로운 뇌세포(시냅스)가 만들어져 활동을 멈추고 있던 세포가 자극을 받고 움직이기 시작한다.

그리고 당신의 뇌는 완벽한 도구로서 자격을 얻어 당신의 지성을 위해 일하게 된다.

당신이 위대한 일을 훌륭히 해내기 위한 준비가 갖춰지기 전까지는 위대한 일을 하려고 해서는 안 된다.

만약 큰 일을 적당히 처리한다면, 다시 말해 차원이 낮은 사고방식으로 어정쩡한 상태에 몸을 맡기고 흔들리는 신념과 용기밖에 없다면 당신은 반드시 실패할 것이다.

서둘러서는 안 된다. 큰 일을 해야 위대한 인간이 되는 것은 아니다. 하지만 위대한 인간이 되면 반드시 위대한 일을 하게 된다.

먼저 지금 상황에서 매일 일상의 평범한 일들을 훌륭히 해내는 것부터 시작하라. 위대한 인간으로서 인정받지 못한다고 초조해 해서는 안 된다.

이 책에 적혀 있는 대로 실천했음에도 한 달이 지나도록 책임 있는 지위에 오르지 못했다고 낙담해서는 안 된다.

위대한 인간은 사람들의 인정을 받거나 칭송받는 것을 절대로 바라지 않는다. 그들은 보상을 받기 위해 위대한 인간이 된 것이 아니라 위대한 인간이 되는 것 자체가 그들에게는 제일 큰 보상이다.

훌륭한 인간이라는 기쁨과 자신이 진보하고 있다는 것을 깨닫는 기쁨이야말로 인간이 손에 넣을 수 있는 기쁨 중에 가장 큰 것이다.

앞 장에서 말한 바와 같이 먼저 가족에서 시작해 이웃과 친구, 동료들에게도 마찬가지 태도로 대한다면 사람들이 당신에게 의지하고 있다는 것을 금방 깨닫게 될 것이다.

당신에게 조언을 구하고, 당신의 강인함과 영감을 얻기 위해 점점 더 많은 사람들이 찾아와 당신의 판단에 기대게 될 것이다.

가족의 경우도 마찬가지로 타인의 문제에 간섭하는 것은 피해야 한다. 당신을 찾아오는 모든 사람을 도와줘라.

하지만 그들을 올바른 길로 인도하겠다고 참견을 해서는 안 된다. 자신이 해야 할 일에만 전념하라.

타인의 품행과 성격, 행동을 고치는 것은 당신의 사명이 아니다. 위대한 생활을 영위하는 것, 모든 일을 위대한 정신을 가지고 훌륭하게 해결하는 것이 당신이 할 일이다. 받은 것과 마찬가지로 바라는 것을 자유롭게 나누어 줘라.[*]

당신의 도움과 의견을 누구에게나 강요해서는 안 된다.

만일 당신의 이웃사람이 담배를 피우고 술을 마시길 원한다면 그것은 그들의 문제이다. 상담을 원할 때까지 당신과는 아무 상관도 없는 일이다.

만약 당신이 위대한 생활을 영위하고 쓸데없는 참견과 설교를 하지 않는다면, 하찮은 생활을 하면서 주변 사람들에게 설교만 늘어놓는 인물보다 몇 배나 더 많은 영혼을 구할 수 있을 것이다.

---

[*] 바라는 것을 자유롭게 나누어 줘라………"모든 것을 바라는 자들에게 나누어 줘라. 빼앗아간 자에게서 다시 빼앗아올 필요는 없다."('루가복음' 6장 30절)

'큰 일을 해야 하는데…'라고 고민할 필요는 없다

만약 당신이 세상에 대해 올바른 사고방식을 가지고 있다면, 주변 사람들은 그것을 깨닫고 당신의 일상적인 말과 행동을 통해 감명을 받게 될 것이다.

그 사람이 당신과 같은 생각을 갖고 그에 따라 살고 있지 않다고 해도 억지로 강요해서는 안 된다. 당신이 위대한 것에 완전히 몸을 맡기고 있다 할지라도 그걸 사람들에게 말할 필요는 없다. 당신이 아주 평범한 사람들보다 고차원적인 원리를 따르고 있다는 것은 누가 보더라도 금방 깨닫게 된다.

설령 당신이 신과 완전히 일체가 되었더라도 그 사실을 남에게 설명할 필요는 없다. 위대한 인물로 알려지기 위해 당신은 아무것도 하지 않아도 된다. 그저 평소대로 살아가기만 하면 된다.

돈키호테처럼 모든 세상과 맞서 싸워야 한다고 착각해서는 안 된다. 자신이 뛰어난 인물이라는 것을 알리기 위해 풍차를 향해 저돌적으로 돌격하여 상대를 쓰러뜨리겠다고 생각할 필요가 없다.

큰 일을 하겠다는 생각을 버려라. 당신이 지금 있는 자리에서 하지 않으면 안 되는 일상생활 속에서 위대한 인간으로서의 하루하루를 영위하라. 그러다보면 좀 더 중요한 일들이 저절로 당신을 찾게 될 것이다. 큰 일이 당신을 찾아와 '해결해' 달라고 당신에게 부탁할 것이다.

인간은 더할 나위 없이 소중한 존재이다. 그 점을 가슴 깊이 새겨 두길 바란다.

그러면 당신은 부랑자들까지도 배려하는 마음으로 상대할 수 있게 될 것이다. 왜냐하면 그들 또한 신과 동등한 존재이기 때문이다.

남녀를 불문하고 모든 인간은 완벽한 존재이다. 신이 다른 신을 상대하는 것처럼 조심스럽게 행동해야 한다.

물론 가난한 사람들에만 국한된 것은 아니다. 부자든 가난뱅이든 똑같이 훌륭한 인간이다. 이 세상은 완벽하고 훌륭하며 거기에는 완전하고 올바른 인간, 완전하고 올바른 것밖에 존재하지 않는다. 이 점을 꼭 기억해 두길 바란다.

당신 자신의 마음속 이상형을 주의 깊게 연상하라.

자신이 바라는 모습의 청사진을 만드는 것이다. 그리고 그것이 지금 실현되고 있다고 굳게 믿고 완전하게 실현시키겠다는 강한 의지를 가져라.

평범한 행동이라도 위대한 일을 해내는 것처럼 행동하라.

모든 말을 위대한 말을 하듯이 이야기하라.

신이 다른 성스러운 존재와 마주하고 있을 때처럼 신분의 높고 낮음과 상관없이 모든 사람을 대하라.

그렇게 행동하기 위해 노력하고 꾸준히 실천하라. 그러면 당신의 능력과 힘은 급속도로 성장할 것이다.

11
'위대한 마음'의 법칙

　'마태오복음' 23장에서 예수는 진정한 위대함과 거짓 위대함을 알기 쉽게 구별하고, 위대한 인간이 되길 바라는 사람들이 빠지기 쉬운 엄청난 위험을 지적하고 있다.

　위험이란, 다시 말해 이 세상에서 진정으로 높은 곳에 오르길 바라는 사람들이 모두 물러서지 않고 끊임없이 싸워야 하는 가장 해로운 유혹이다.

　위대한 인간이라고 하면 보통 머릿속에 떠오르는 것은 봉사를 하는 사람이라기보다 타인에게 봉사를 받는 사람이다. 그는 다른 사람에게 명령을 내리는 입장에 서서 주변에 영향력을 행사하며 자신의 의사대로 따르게 한다.

　대부분의 사람은 다른 사람에게 지배력을 행사하는 행위에 대한 유혹을 받게 된다.

이기적인 영혼에 있어 이보다 매력적인 것은 없다. 제멋대로이며 미숙한 인간들이 타인을 마음먹은 대로 조종하려고 거들먹거리는 것을 당신도 쉽게 볼 수 있을 것이다.

야만적인 인간들은 이 세상에 나오자마자 서로를 지배하려고 한다. 전쟁과 외교, 정치판에서의 싸움은 타인을 지배하기 위한 욕구에서 시작되었다. 군주들은 자신의 지배력과 권력을 강화하기 위해 — 더 많은 사람들을 지배하려고 — 대지를 피와 땀으로 물들였다.

오늘날 경제계에서 벌어지는 전쟁도 지배라는 법칙에 관해서는 수백 년 전 유럽에서 벌어진 전쟁과 다를 바 없다. 미국의 법률가 로버트 G. 잉거솔(Robert Green Ingersoll, 1833~1899)은, 록펠러와 카네기가 주체할 수 없을 정도로 많은 돈을 가지고 있으면서도 더 큰 부자가 되기 위한 사업으로 인해 스스로 경쟁의 노예가 되어 버린 것을 이해할 수 없다고 말했다.

그는 그것을 일종의 광기라고 생각하며 다음과 같이 말했다.

"어떤 남자가 5만 벌의 바지와 7만 5천 벌의 양복, 10만 벌의 코트, 15만 개의 넥타이를 가지고 있다고 가정하자. 그가 넥타이 하나를 더 갖고 싶어서 비가 오나 눈이 오나 해가 뜨기도 전에 일어나 밤 늦게까지 일한다면 당신은 이 남자를 어떻게 생각하겠는가?"

하지만 이것은 그다지 적절한 예가 아니다. 인간은 많은 돈을 손에 쥐고 있으면 타인을 지배할 수 있지만, 넥타이를 아무리 많이 가지고 있다 하더라도 어떤 영향력을 행사할 수는 없다.

록펠러와 카네기, 그리고 이런 부류의 사람들은 돈이 아니라 권력을 추구한다. 이것이 바로 높은 지위를 추구하는 전쟁인 것이다.

그 결과 유능한 사람, 교활한 사람, 재력이 있는 사람이 생겨나지만 위대한 인간은 절대 생겨날 수 없다.

위대함은 '지배'가 아니라 '봉사'에서 나온다

일반적인 미국인 청중들 앞에 서서 위대한 미국인이 누군지 물어보면 대다수의 사람들이 링컨이라고 대답할 것이다.

이것은 링컨이 우리를 위해 일하는 정부의 최고 자리에 있었기 때문이 아니라 우리가 그의 봉사정신을 인정하기 때문이 아닐까?

노예처럼 사람을 지배하는 것이 아니라 스스로 봉사하는 것 — 링컨은 어떻게 하면 위대한 봉사자가 될 수 있는지 알고 있었기 때문에 위대한 인간이 될 수 있었다.

유능하고, 냉정하고, 이기적이며, 높은 자리를 추구했던 나폴레옹은 매우 뛰어난 남자였다. 하지만 우수하기만 할 뿐 링컨처럼 위대한 인간은 아니었다.

진보를 거듭해서 위대한 인간으로 인정받는 순간 당신은 자신이 함정에 빠져들고 있다는 것을 깨닫게 될 것이다.

남의 문제에 끼어들고, 잘난 척 행동하고, 조언하거나 지시하고 싶은 유혹은 때론 정말로 참기 힘든 것이다.

하지만 타인의 노예로 전락할 위험, 그리고 그와 정반대로 타인에게 봉사하기 위해 자신을 던져버리는 위험은 반드시 피해야 한다.

타인을 위해 최선을 다하는 것은 많은 사람들에게 있어 이상적인 일로 여겨져 왔다.

예수와 같이 되고 싶다고 바라는 사람들은 자신을 과소평가하고 봉사를 위해 다른 것은 모두 포기해 버린다. 이와 같은 애타주의의 실천은 가장 꼴불견인 이기주의와 마찬가지로 병적이며 위대함과는 거리가 멀다.

곤란을 겪는 사람들이나 큰 고민을 품고 있는 사람들의 외침을 들어주려는 자질을 가지고 있는 것은 훌륭한 일이다.

하지만 그것은 결코 당신의 본질이 아니며 당신의 제일 훌륭한 부분이 아니다.

'봉사하는 것'의 진정한 의미

위대한 인간의 생활과 행동 대부분이 타인에게 도움의 손길을 뻗는 것이 아니면 안 된다. 하지만 불행한 사람을 도와주는 것 외에도 당신이 해야 할 일들은 아주 많다.

당신이 발전하기 시작하면 사람들이 당신 곁으로 먼저 다가온다. 그들을 멀리해서는 안 되지만, 동시에 자신을 완전히 버리는 생활이 위대한 인간의 모습이라고 여기는 치명적인 과오를 범해서도 안 된다.

여기서 또 하나 중요한 것을 지적하기 위해 스웨덴의 과학자이며 사상가인 에마누엘 스베덴보리(Emanuel Swedenborg, 1688~1772)의 동기 분류가 예수의 생각과 똑같다는 사실을 살펴보기로 하자.

스베덴보리는 모든 인간을 두 가지 타입으로 나누고 있다. '순수한 사랑'으로 사는 인간과 '자기애'로 살아가는 인간이다.

스베덴보리는 지위와 권력을 추구하는 이기적인 사랑이 모든 죄의 원인이라고 생각했다. 그것은 인간의 마음에 존재하는 사악한 욕망의 근원이며, 거기에서 온갖 악한 욕망이 생겨나는 것이라고 여겼다.

그에 의하면 이 이기적인 사랑에 반대되는 것이 순수한 사랑이라는 것이다.

대부분의 종교학자는 인간에 대한 사랑과 봉사보다도 신에 대한 사랑과 봉사를 중요시하고 있다.

하지만 신에 대한 사랑이 인간을 권세욕으로부터 구하기에 불충분한 것은 사실이다. 왜냐하면 신을 가장 격렬하게 사랑하는 사람이야말로 역사적으로 최악의 폭군이었기 때문이다.

신을 사랑하는 사람들은 독재자인 경우가 많고, 인간을 사랑하는 사람들은 참견꾼으로 타인의 일에 끼어들기 십상이다.

12
다섯 가지 습관

마음의 훈련 목적을 오해해서는 안 된다.

주문(呪文)이나 상투적인 문구에는 아무런 가치도 없다. 기도와 주문을 반복해서 외운다고 성장을 위한 지름길이 될 수는 없다.

마음의 훈련은 말을 반복하는 것이 아니라 일정한 사고를 가질 수 있도록 하기 위한 훈련이다.

괴테가 말했듯이, 같은 문장을 몇 번이고 반복해서 들으면 그것은 어느 순간 신념이 된다. 그리고 언제나 같은 사고를 갖게 되면 그것이 습관이 되어 우리를 만들어 나간다.

마음의 훈련을 하는 목적은 일정한 사고 양식에 따라 생각하는 습관이 생길 때까지 그 사고를 이용하여 반복적으로 생각하는 것이다. 그러면 어떤 상황에서든 그것이 당신의 사고방식으로 자리를 잡을 것이다.

목적을 이해하고 올바른 방법으로 행한다면 마음의 훈련에는 매우 큰 가치가 있다. 하지만 대부분의 사람들이 하고 있는 방법은 헛수고일 뿐 아니라 유해한 것들이다.

이상적인 사고를 몸에 익히기 위한 연습

다음의 훈련으로 이상적인 사고를 몸에 익힐 수 있다.

이 훈련은 매일 두세 번 반복해야 하는데, 그 외에도 시간이 날 때마다 머릿속으로 끊임없이 생각하기 바란다.

정해진 시간에만 훈련을 하고 다음 훈련 때까지 잊고 있어서는 안 된다. 훈련이란, 어떤 재료를 이용해서 당신이 항상 그 사고를 갖도록 하기 위한 것이다.

1. 이삼십 분 동안 방해받지 않고 훈련이 가능한 시간을 만들어라.
2. 그리고 몸의 긴장을 풀어라. 팔걸이의자나 소파에 편안히 앉거나 침대에 눕는다. 만약 시간이 나지 않는다면 잠들기 전이나 아침에 일어난 후라도 상관없다.
3. 자신의 의식을 몸에 집중시킨다. 머리끝에서 발끝까지 몸 전체로 의식을 전달시키면서 근육의 긴장을 푼다. 근육을 완전히 이완시키도록 하라.

4. 마음속에서 부정적인 것을 전부 걷어내라. 척추에서부터 발끝을 향해 천천히 의식을 퍼뜨리며 몸 구석구석까지 전달되게 하라.

5. 4의 작업을 하면서 마음속으로 다음과 같이 되뇌어라.

'내 신경은 내 몸속에서 완벽하게 작용하고 있다. 내 의지에 따라 매우 강한 힘을 가지고 있다.'

6. 이번에는 폐에 의식을 집중시키고 다음과 같이 되뇌어라.

'나는 천천히 깊게 호흡하고 있다. 폐의 모든 세포에 공기가 퍼져나간다. 내 폐는 아주 건강한 상태다. 내 혈액에는 불순물이 끼어 있지 않고 아주 깨끗하다.'

7. 다음은 심장이다.

'내 심장은 강하고 안정적으로 고동치고 있다. 혈액 순환도 완벽하여 내 몸 구석구석까지 혈액이 공급되고 있다.'

8. 그리고 소화기이다.

'내 위와 장도 완벽하게 작용하고 있다. 음식물은 소화, 흡수되어 피와 살이 되며 내 몸을 만들고 있다. 간장, 신장, 방광은 아무 통증도 없이 완벽하게 제각각의 기능을 충실히 하고 있다. 나는 아주 건강하다. 내 몸은 편안하고 안락하며, 마음은 온화하고, 영혼은 평화를 느낀다.'

9. 마지막으로 자기 자신에게 말한다.

'나는 경제적으로나 다른 모든 면에서 어떤 불안도 느끼지 않는다. 내 내면에 있는 힘은 내가 원하는 모든 것에 존재하고 있으며 그것들을 나에게 가까이 다가오게 해준다. 내가 원하는 것은 이미 나에게 주어져 있다. 나는 매우 건강하며 씩씩하다. 아무런 불안도 두려움도 느끼지 못한다.

나는 온갖 유혹을 뛰어넘었다. 가난과 이기주의, 독선적인 야망은 품고 있지 않다. 누구에게도 질투와 악의, 원한을 느끼지 않는다. 나는 자신의 이상에 반하는 행동은 하지 않는다. 나는 올바른 길을 가며 앞으로도 올바르게 행동할 것이다.'

제1의 습관……올바른 견해를 가져라

이 세상은 모든 것이 올바르다. 세상은 완벽하며 완성을 향해 나아가고 있다. 나는 사회와 정치, 경제에 관한 여러 가지 것들을 차원 높은 관점에서 생각하게 될 것이다.

보라. 모든 것은 매우 훌륭하다. 모든 사람들, 나의 지인과 친구, 이웃, 가족들도 마찬가지다. 그들은 모두 훌륭하다. 이 우주에 잘못된 것은 아무것도 없다.

뭔가 잘못된 것이 있다면 그것은 나 자신의 태도뿐이다. 앞으로 나는 항상 올바른 태도를 취할 것이다. 나는 신을 완전히 신뢰하고 있다.

제 2의 습관······몸을 맡겨라

나는 자신의 영혼에 따라 내 내면에 존재하는 가장 고상한 존재를 향하여 정면으로 대면한다.

모든 일에 대하여 무엇이 올바른 것인지를 스스로에게 자문하라. 그리고 그것을 깨닫게 되면 내 생활 속에서 실천할 생각이다. 스스로 생각할 수 있는 최고의 지점까지 성장하기 위해 과거의 모든 것을 버릴 것이다.

나는 모든 것에 대해 최고의 사고를 가지고 실천할 것이다.

나는 내 몸을 마음의 지배에 맡긴다. 내 마음은 영혼을 따르고, 나는 그 영혼을 신의 인도에 따르게 할 것이다.

제 3의 습관······일체가 되라

이 세상에는 하나의 실체, 하나의 근원만이 존재할 뿐이다. 나는 그곳에서 만들어졌으며 그것과 함께 존재한다. 그것은 나의 아버지 창조주이다. 나의 아버지 창조주와 나는 일체이며, 아버지 창조주는 나보다 위대한 존재이다.

나는 그의 의사를 따른다. 나는 나를 순수한 신의 영혼에 바칠 것이다. 존재하는 것은 단 한 가지이며 그것은 모든 곳에 존재한다. 나는 '영원의 의식'과 함께 존재한다.

제 4의 습관……이상(理想)을 연상하라

되고 싶다고 바라는 자신의 모습을 마음속으로 연상하고 당신의 상상력을 최대한 발휘하라. 얼마 동안 신중하게 생각하고 그 모습을 자신의 것으로 만들어라.

'이것이 나의 진정한 모습이며 내 영혼의 모습이다. 나는 지금 영혼 속에 존재하며 겉으로 그 모습을 드러내려 하고 있다.'

제 5의 습관……실현하라

나는 되고 싶은 인물이 될 수 있고, 하고 싶을 일을 하기 위한 힘을 가지고 있다.

나는 창조적인 활력을 발휘한다.

존재하는 모든 힘은 나의 것이다.

나는 깨달음과 동시에 힘과 확신을 가지고 전진한다.

나는 신의 힘으로 큰 일을 이루게 될 것이다.

나는 믿으며 두려워하지 않는다. 왜냐하면 신이 나와 함께 하기 때문이다.

13

'생각'과 '실현'의 법칙

모든 인간은 하나의 지적 물질로 만들어져 있다. 그리고 누구에게나 똑같이 매우 중요한 힘과 가능성이 잠재되어 있다.

위대함은 모든 인간에게 똑같이 갖춰져 있고 모든 인간에 의해 표출된다. 누구나 위대해질 수 있으며, 인간은 신을 이루고 있는 것과 똑같은 요소로 만들어져 있다.

인간은 그 영혼의 고유한 창조력을 행사함으로써 유전과 환경을 극복할 수 있다. 만약 위대한 인간이 되고자 한다면 그 영혼이 행동을 시작하여 마음과 몸을 지배해 나간다.

인간의 지식에는 한계가 있고 무지로 인해 과오를 범할 수도 있다. 이를 피하기 위해서는 영혼을 '우주의 영혼'과 연결해야 한다.

'우주의 영혼'은 모든 존재의 근원이다. 모든 존재 속에 있으며,

모든 존재들 사이를 오고 간다. 이 우주의 의식은 모든 것을 알고 있다. 따라서 인간은 우주의 의식과 일체가 됨으로써 모든 지식의 샘으로 들어갈 수 있게 된다.

그러기 위해 인간은 자신과 '우주의 영혼' 사이에 끼어 있는 모든 것을 버리지 않으면 안 된다.

위대한 것의 의지에 따라 살 것을 결의하고 모든 유혹을 물리치지 않으면 안 된다.

최고이며 이상적인 것에 어울리지 않는 행동은 절대로 취해서는 안 된다.

올바른 견해를 가지고 모든 것은 위대한 의지가 인도하는 대로 잘 돌아가고 있다는 것을 인식하지 않으면 안 된다.

자연과 사회, 정치, 산업 모두가 지금 단계로 완벽한 상태라는 것, 완성을 향해 끝없이 전진하고 있다는 것을 깨달아야 한다.

어디에 있든 간에 모든 인간은 남녀를 불문하고 다 완벽한 존재이다. 인간은 이 세상의 모든 것이 옳다는 것을 깨닫고, 이 완벽한 대업을 완성하기 위해 위대한 힘과 일체가 되지 않으면 안 되는 것이다.

당신은 이미 '이상'을 향해 발걸음을 내디뎠다

인간이 위대한 존재가 될 수 있는 것은 모든 존재 속에서 '위대한 진보의 존재'로 행동할 때만 가능하다.

인간은 스스로 내면에 있는 최고의 것에 봉사하기 위해 몸을 맡기고 영혼의 목소리에 따라야 한다.

누구에게나 '내면의 빛'이 존재하며 그것은 항상 인간을 가장 높은 곳으로 향하게 한다. 위대한 인간이 되고 싶다면 이 빛을 따르지 않으면 안 된다.

인간은 '내면의 빛'과 일체라는 사실을 인식하고, 자신과 다른 사람들을 위해 이 연결고리를 의식적으로 확인하지 않으면 안 된다.

자신이 많은 위대한 인간들 중의 한 사람이라는 것을 깨닫고 그에 걸맞는 행동을 하지 않으면 안 된다.

진리에 대한 자신의 직관을 완전히 믿고 먼저 가족에게 그 직관을 따라 행동해 보기 바란다.

사소한 일상 속에서 진실과 올바른 방향을 찾아내고 그 길을 따라가도록 하라.

경솔한 행동을 버리고 깊이 생각하는 습관을 익혀라.

자신의 사고에 대해 항상 성실해져라.

최고의 인간인 자기 모습을 마음속에 그리고, 그 모습이 자기 자신의 청사진이 될 때까지 끊임없이 마음속으로 연상하라.

이 청사진을 언제나 마음에 품고, 그것을 행동이라는 형태로 외부를 향해 하나둘씩 실현시켜 나가라.

모든 일에 훌륭하게 대처하라.

가족을 대할 때나 이웃과 지인, 친구를 대할 때도 이상적인 당신의 모습으로 행동하라.

올바른 사고방식을 몸에 익혀 완전히 몸을 맡기고 위대한 인간으로서 자기 자신을 이상화하여 아무리 사소한 시작이라 할지라도 그 이상을 실현시키기 위해 행동한다면 당신은 이미 위대한 인간이 된 것이다.

그런 행동이 모두 자연스럽게 훌륭한 것이 된다.

주변에서도 인정받아 강한 힘을 가진 인간으로서 당신을 인정하게 될 것이다.

당신은 직감적으로 모든 지식을 손에 넣을 수 있으며, 알아야 할 모든 것을 알 수 있게 된다.

그리고 당신이 원하는 만큼의 부를 손에 넣을 수 있다.

당신에게 부족한 것은 아무것도 없다.

무슨 일이 일어나든 대처할 수 있는 능력을 갖게 되어 항상 그리고 급속도로 성장하고 진보해 나갈 것이다.

큰 일들이 당신을 찾아올 것이며 모든 사람이 기꺼이 당신을 칭송하게 될 것이다.

끝으로……이 법칙을 증명한 '위대한 논문'

마지막으로 에머슨의 『대령(大靈, Oversoul)』의 일부를 소개하고

이 장을 마무리하기로 하자.

이 훌륭한 논문은 일원론의 기초가 된 법칙과 위대한 인간이 되기 위한 길을 제시하고 있다.

독자들에게는 지금까지 내가 이야기해 온 것과 연관지으며 이 논문을 읽어볼 것을 권한다.

누구나 결핍과 무지를 느끼는데, 그것은 위대한 영혼이 그 방대한 요구를 암시하고 있는 것은 아닐까?

인간의 발달 역사에 대해 지금까지 한 번도 쓰여진 적이 없는데, 인간에 대한 이야기들이 방치되어 퇴색해 버리고 철학에 대해 쓰여진 서적들도 가치 없는 것이 되어 버린다고 느껴지는 것은 왜일까?

6천 년의 역사를 가진 철학은 영혼 속에 있는 방과 창고를 아직 다 찾아내지 못했다. 온갖 시험이 이루어졌고, 끝없이 분석하고 노력해도 풀 수 없는 문제가 남아 있다.

인간은 그 근본이 감춰진 채 흐르고 있다. 우리 인간은 어딘지도 모를 곳으로부터 우리의 내면으로 조용히 자리 잡고 있다.

아주 정밀한 계산기조차도 바로 다음 순간에 무슨 일이 일어날지 예측할 수 없다. 모든 일에는 우리의 의지보다도 훨씬 높은 근원이 있다는 것을 나는 인정하지 않을 수 없다.

사고(思考)도 마찬가지다. 눈에 보이지 않는 곳에서 흘러나와 우리의 내면으로 흘러 들어오는 흐름을 한동안 바라보고 있으면, 나는 연금생활을 하고 있다는 것을, 뭔가를 생산하는 존재가 아니라

이 세상의 것이라고는 여겨지지 않는 물의 흐름을 경탄을 금치 못한 채 그저 바라만 보는 방관자라는 것을 깨닫게 된다.

눈앞에 보이는 것에 욕심을 내고 고개를 들어 받아들이려고 하지만, 그 광경이 자신과는 너무나 거리가 먼 에너지로부터 온다는 것을 깨닫게 된다.

과거에서 현재에 이르는 모든 과오에 관한 '최고의 비평가'이며 필연에 대한 단 하나의 예언자는 세상 사람들이 대기의 부드러운 품에 누워 편안히 쉴 수 있는 위대한 자연이다. '하나의 전부', 바로 '대령(Oversoul)'인 것이다.

그 속에 개개의 존재가 포함되고 전부가 합쳐져 하나의 존재가 되고 있다. 성실하게 대화를 나누는 사람들이 숭배하고 올바른 행동을 하는 모든 사람이 따르는 공통된 마음. 우리는 속임수와 거짓 재능을 꿰뚫어보고 모든 사람을 있는 그대로, 말뿐 아니라 진정한 마음으로 대화를 나누어야 하는 존재. 또한 언제부턴가 어떤 상황에서라도 우리의 사고와 손아귀에 들어와 지혜와 미덕, 능력, 그리고 아름다움이 될 그 압도적인 실체이다.

우리는 세대와 세대를 이어주고 나뉘어 일부분이 되는 분자로서 살고 있다. 한편 인간의 내면에는 위대한 영혼이 존재한다. 현명한 침묵, 모든 부분과 분자에 평등하게 관련된 보편적인 아름다움, 영원한 '하나의 전체'이다.

그리고 우리가 그 속에 존재하고 축복을 받을 수 있는 심오한 능력은 항상 저절로 충족되어 완벽해지지는 않는다. 본다는 행위와 보여지는 것, 관찰자와 광경, 주관과 객관이 하나가 되어 있다.

우리는 해, 달, 동물, 식물과 같이 세상을 각각의 부분으로 나누어 보고 있다. 하지만 이 모든 것들이 빛나도록 하는 전체는 그 영혼이다. 이런 지혜의 통찰력을 이용해야만 과거의 천궁도(天宮圖, 점성학 도표)를 읽을 수 있다. 우리 자신의 더 뛰어난 사고에 의지해 누구나 선천적으로 가지고 태어난 예언자의 영혼에 몸을 맡김으로써 그 도표가 무엇을 말하고 있는지 깨달을 수 있는 것이다.

대령(大靈)의 생명력에서 나오는 모든 인간의 말은 같은 생각을 가지고 있지 않은 인간에게는 허무하게 들릴 것이다. 내게는 대령을 대신해 이야기할 용기가 없다. 내 말은 그 장엄한 의미를 전할 수 없다. 내 말은 불충분하며 하찮다. 바라는 자들에게 계시를 내릴 수 있는 것은 대령뿐이다.

보라! 계시를 받은 자들의 말은 불어오는 바람처럼 서정적이고 달콤하여 누구나 알아들을 수 있을 것이다. 그럼에도 불구하고 만약 내가 신성한 말을 할 수 없다면, 세속의 말을 이용해서라도 이 신의 천국을 드러내 '지고(至高, 더 할 수 없이 높음)의 법칙'의 탁월한 단순함과 에너지에 대하여 내가 지금까지 모아온 단서들을 전하고 싶다.

이야기를 나눌 때, 명상에 잠길 때, 후회할 때, 정열에 빠질 때, 놀랄 때, 꿈속에서 교훈을 얻을 때 — 이럴 때 우리는 자신이 가면을 쓰고 있다고 느낄 때가 많다. 이 우스꽝스러운 변장이 현실의 요소를 더욱 확장시키고 강화시켜 거리를 두고 바라보고 있는 우리조차도 깨달을 수 있게 한다.

우리는 자연의 신비에 대한 지식을 넓히고 밝혀줄 수많은 단서를 발견하게 될 것이다.

그 단서들은 말해준다. 인간의 영혼은 하나의 기관으로 이루어져 있는 것이 아니라 모든 기관을 활발하게 작동시킨다. 기억, 계산, 비교 같은 능력처럼 각각의 기능이 아니라 손발처럼 이 힘들을 조종하고 있다.

하나의 기관이 아니라 하나의 빛이다. 지성도 의지도 아닌 각각의 주인이다. 우리라는 존재의 거대한 배경이며 거기에 하나하나의 영혼이 존재하고 있다. 그 무엇에도 소유당하지 않고 소유하지 않는 무한의 존재이다.

내부에서 혹은 배후에서 우리를 통해 한줄기의 빛이 모든 것을 비춰주며, 우리는 아무것도 아니고 그 빛이야말로 전부라는 것을 깨닫게 해준다. 인간은 신전(神殿)의 정면이며 그 속에 온갖 지혜와 선이 잠들어 있다.

우리가 평소에 인간이라고 부르는 것, 먹고 마시고 꽃을 심거나 수를 세는 것은 우리가 흔히 알고 있듯이 인간 자신을 잘 표현하고 있다기보다는 오히려 잘못 전달하고 있다.

그런 인간을 우리는 존경하지 않는다. 하지만 영혼이라면, 그 자신이 그 기관인 영혼이라면, 만약 그 영혼이 그의 행동을 통해 그 모습을 표출한다면, 우리는 무릎을 꿇게 될 것이다.

영혼이 지성을 통해 호흡할 때 그 영혼은 천성이 된다. 인간의 감정 속을 흐르게 될 때 그것은 사랑이 된다.

영혼의 성장 정도는 그 자체의 법칙을 따르는 것이며 산술적으로 측정할 수는 없다. 영혼의 진화는 직선 위를 달리듯이 천천히 변화하는 것이 아니라 알이 유충이 되고, 유충이 파리가 되는 '변태(變態)'에 의해 향상을 드러내게 된다.

천성의 성장에는 일종의 전체적인 경향이 엿보인다. 선택된 개인이 먼저 존을, 다음에 아담을, 그리고 리처드를 초월하고, 초월당한 자들에게 자신의 무능함을 깨닫게 하여 고통을 주는 것이 아니다.

성장의 진통을 겪을 때마다 그 사람은 자신이 일하고 있는 장소에서 능력을 펼치고, 그 장소를 지나 맥박이 뛰는 한 자신이 속해 있는 집단의 모든 사람들을 초월해 갈 것이다.

신성한 충격을 받을 때마다 그 정신은 눈에 보이는 얇은 가죽을 찢어버리고 영원의 세계로 뛰어나가 그 대기와 함께 호흡한다. 그리고 그 세계에서 항상 회자되었던 진리와 대화를 나누고, 가족보다 제논(Zenon ho Elea, 고대 그리스의 철학자, 490~430 B.C.)과 아리아노스(Flavius Arrianus, 그리스의 정치가, 역사가, 95~175)와 같은 철학자들과 친밀한 공감대를 형성하게 된다.

이것이야말로 도덕의 법칙이며 정신적 진보의 법칙이다. 성실한 인간은 특유의 가벼움으로 상승하고, 어떤 특정한 미덕이 아니라 모든 미덕의 영역으로 들어가게 된다.

미덕은 모든 미덕을 내포하고 있는 영혼 속에 존재한다. 영혼은 개개인의 미덕보다 뛰어나다. 영혼은 순결을 추구하지만 순결은 영혼 그 자체가 아니다. 영혼은 정의를 추구하지만 정의 그 자체는 아니다. 영혼은 선행을 추구하지만 그보다 더 훌륭한 것이다.

따라서 우리는 도덕적 본성에 대한 논쟁을 그만두고, 그 본성이 명하는 미덕을 재촉할 때 일종의 변화와 순응을 느끼게 된다. 왜냐하면 순수하게 행동하는 영혼에는 모든 미덕이 자연스럽게 갖춰져 있지 고통을 견디면서 얻어지는 것은 아니기 때문이다. 마음을 향해 말을 걸기만 하면 그것만으로도 그 사람은 고결한 인간이 된다.

똑같은 감정의 내부에는 지적 성장의 싹이 트는 것이 보이며 그것 또한 같은 법칙을 따르고 있다. 겸허하고, 정의롭고, 애정이 넘쳐 대의를 품을 수 있는 사람들은 이미 과학과 예술, 연설과 시, 행동과 우아함을 자유자재로 조정할 수 있는 단계에 서 있다. 왜냐하면 이 도덕적 지복(至福, 더 없는 행복)을 느끼고 있는 사람은 모두 높이 평가되는 특별한 힘을 이미 겸비하고 있기 때문이다.

애정이 있다면 상대의 모든 재능을 올바르게 평가할 수 있는 것과 마찬가지다. 연인에게 푹 빠져 있는 여성은 자신이 연애에 대한 능력을 갖추고 있지 않더라도, 연인을 만들 능력과 재능에 모든 것이 연관되어 있다.

그리고 '지복의 정신'에 몸을 맡기는 것은 자신이 모든 신의 뜻과 관계가 있다는 것을 깨닫고 특정 지식과 능력을 손에 넣기 위한 왕도를 걷기 시작한 것이 된다.

왜냐하면 이 근원적인 감정을 가질 수 있다면, 우리는 중심에서 떨어진 주변 장소에서 순식간에 세상의 중심으로 들어설 수 있기 때문이다. 그곳에서는 마치 신의 밀실에 있는 것처럼 모든 일의 원인을 볼 수 있으며, 천천히 돌아가는 결과에 불과한 우주를 예지할 수 있다.

지금 당장 행동을 하라.
지금을 놓치면 기회는 없다.
지금이 지나면 장래도 기회도
다시 찾아오지 않을 것이다.
바라는 것을 손에 넣기 위해서는
지금 당장 행동으로 옮겨야 한다.

제 3부

부자의 기술

1
부는 어디로부터 오는가?

　사업 수완이 좋을 필요는 없다고 말했지만, 그것은 모든 거래를 하지 않아도 된다는 의미는 아니다. 다른 사람들과 거래를 하지 않고도 모든 일이 잘 풀린다는 뜻도 아니다.

　불공정한 거래를 할 필요는 없으며 공짜로 뭔가를 손에 넣을 수도 없다. 그 대신 누구를 대하든지 받은 만큼의 가치에 해당하는 것을 주도록 하라.

　대가 이상의 현금을 상대에게 줄 수는 없지만, 대가에 걸맞는 '이용 가치'를 제공할 수는 있다.

　예를 들어 내가 저명한 화가의 작품을 가지고 있다고 하자. 문명 사회에서는 수천 달러의 가치가 있는 작품이지만, 이것을 북극의 에스키모 인에게 500달러 상당의 털가죽과 교환하지 않겠냐는 '제

안'을 했다고 하자.

상대는 그 작품을 가지고 있더라도 아무 도움도 되지 않으므로 실질적으로 나는 그 사람을 속인 것이 된다. 그 작품을 소유했다고 해서 상대의 생활이 풍요로워지지는 않기 때문이다.

하지만 털가죽을 50달러 상당의 총과 교환한다면 상대에게 있어서는 큰 도움이 된다. 총이 있다면 더 많은 털가죽을 손에 넣을 수 있으며 충분한 식량을 확보할 수 있게 돼 모든 면에서 생활이 나아지고 풍요로워질 것이기 때문이다.

경쟁을 그만두고 창조적인 일을 시작할 경우에는 지금까지의 사업적 거래를 면밀히 검토할 필요가 있다. 상대에게서 받을 것과 비교해서 당신이 팔고자 하는 것이 상대의 기대를 충족시키지 못한다면 그 거래는 하지 말아야 한다.

사업상 거래에서 상대를 속일 필요는 없다. 만일 상대를 속이는 거래를 하고 있다면 당장 그만둬야 한다.

누구에게나 받은 대가에 상응하는 이용 가치를 제공하라. 그러면 거래를 할 때마다 당신 덕분에 세상 사람들의 생활이 한층 향상될 것이다.

사람을 고용하고 있다면, 사원에게는 급여에 걸맞는 금전적 이익을 얻어내지 않으면 안 된다. 그러기 위해서는 승급제도를 활용하여 일상의 업무가 조금씩이라도 승진으로 이어질 수 있도록 사원들에게 동기부여를 해주는 것이 좋을 것이다.

당신이 이 책에서 받게 되는 영향을 사원들에게도 나눌 수 있는 기업으로 키워라. 승급제도를 통해 노력한 만큼의 대가를 받을 수 있는 구조를 만들어야 한다.

참고로 말해두는데, 자기 주변에 만연해 있는 '혼돈'으로부터 부를 창출해낸다고 했지만 저절로 어떤 형태를 취하고 갑자기 눈앞에 나타나지는 않는다.

예를 들어 당신이 재봉틀을 간절히 갖고 싶어 한다고 가정해 보자. 재봉틀의 이미지를 '사고하는 원시 물질'에 전달하기만 하면 아무런 노력도 없이 재봉틀이 저절로 나타나는 것은 아니다.

만약 재봉틀이 필요하다면, 강한 확신을 가지고 그것이 현재 제작 중이거나 혹은 당신에게로 운반되고 있는 중이라고 믿는 것이다. 일단 그런 사고가 확립되면, 머지않아 재봉틀이 자기 것이 될 것이라고 절대적이고 무조건적으로 믿고, 당신에게 재봉틀이 곧 도착할 것이라는 것만을 생각하고 이야기해야 한다. 이미 당신의 것이라고 선언하는 것이다.

당신이 바라는 것은 '최고의 지(知)'의 힘에 의해서 사람의 마음에 작용하고 당신에게로 전달될 것이다. 메인 주에 살면서 텍사스에 사는 사람과 거래해 바라던 것을 손에 넣을 수 있게 될지도 모른다.

그러면 그 거래는 당신 한 사람뿐만 아니라 상대에게도 이익을 주게 된다.

'사고하는 물질'은 만물을 통해 만물의 내면에서 만물과 대화를 하면서 만물에 영향을 끼치는 것이라는 사실을 결코 잊어서는 안 된다.

생활의 충실함과 향상을 추구하는 '사고하는 물질' 덕분에 지금까지 수많은 재봉틀이 만들어졌다. 기대와 확신을 가지고 '사고하는 물질'에 적극적으로 요청한다면 틀림없이 앞으로도 무엇이든 끝없이 만들어낼 수 있을 것이다.

한 대의 재봉틀이 당신 손에 확실하게 들어온 것처럼 다른 것을 갈망하더라도 당신은 그것을 분명히 손에 넣을 수 있으며, 당신의 생활뿐만 아니라 다른 사람들의 생활도 향상시킬 수 있다.

신은 사람을 통해 자신의 의지를 구체화시킨다

주저하지 말고 더 많은 것을 추구해도 괜찮다.

"그대들의 아버지이신 하나님은 기꺼이 그대들에게 당신의 나라를 줄 것이기 때문이다."('루가복음' 12장 32절)라고 예수도 말하고 있다.

'원시 물질'은 당신이 모든 가능성을 성장시키고 가능한 모든 것을 손에 넣고 이용하여 풍요로운 생활을 영위하길 바라고 있다.

모든 혜택을 누리길 바라는 당신의 소망은 바로 충분히 자신의 모습을 드러내고자 하는 '전능하신 창조주'의 소망 그 자체이다. 이 점을 분명히 의식 속에 각인시킨다면 당신의 확신은 절대 흔들리지 않게 될 것이다.

나는 이전에 한 소년이 피아노 앞에 앉아 건반을 두들기며 음악을 연주하려고 힘겹게 노력하는 모습을 본 적이 있다.

그 소년은 연주하지 못하는 자신을 한탄하며 화를 내고 있었다. 무엇 때문에 그렇게 초조해 하는지 묻자 소년은 이렇게 대답했다.

"내 마음속에서는 음악소리가 울리고 있는데 손가락이 맘대로 움직이지 않아요."

소년의 마음속에서 울리고 있던 음악은 만물의 모든 가능성을 잉태한 '원시 물질'의 '충동'이며, 소년을 통해서 음악을 표현하려고 했던 것이다.

'유일의 물질'인 신은 사람의 형상을 빌려 살아가고, 수많은 일들을 행하며, 모든 경험을 하고 싶어 한다.

"이 손으로 훌륭한 건물을 짓고, 아름다운 음악을 연주하고, 훌륭한 그림을 그리고 싶다. 이 발로 걸어서 일하러 나가고, 눈으로 아름다운 창조물을 바라보며, 입으로 강력한 진실을 말하고, 멋진 노래를 부르고 싶다."고 바라고 있다.

모든 능력은 사람을 통하여 표현되길 바라고 있다. 신은 음악을 연주할 수 있는 사람이 피아노나 그 밖의 악기를 얻어 재능을 최대한으로 성장시키길 바란다.

아름다움의 가치를 아는 사람에게는 아름다운 것을 주변에 두기를 바란다. 진실을 아는 사람에게는 여행을 통해 견문을 넓히길 바란다. 패션의 가치를 아는 사람에게는 아름다운 옷을 입기를, 맛있는 음식의 맛을 아는 사람에게는 좋은 음식이 주어지기를 바란다.

신이 이런 것들을 바라는 이유는 '그분 자신'이 그것을 기뻐하며 그 가치를 인정하기 때문이다. 연주하거나 노래하고, 아름다움을 감상하거나 진실을 말하고, 아름다운 옷을 입거나 맛있는 음식을 먹는 것은 신 스스로가 바라는 것이다.

"무슨 일이든 자기중심적인 마음과 허영심을 버리고 겸양한 자세로 서로 상대를 자신보다 뛰어난 사람이라고 여겨라."('필리피서' 2장 13절)라고 사도 바오로는 편지에 쓰고 있다.

당신이 여러 가지 것들을 얻기를 바라는 것은 피아노를 치는 소년을 통해 신이 몸소 모습을 드러내고자 하는 것과 마찬가지로, 당신을 통해서 몸소 모습을 드러내고자 하는 '창조주'의 바람이 드러난 것이다. 그러므로 주저하지 말고 많은 것을 추구해도 괜찮다.

구하라, 그러면 얻으리라

당신이 해야 할 일은 하나하나를 명확히 해서 신이 바라는 것을 실현시키는 것이다.

대부분의 사람에게 있어 가장 큰 문제점은 가난과 자기희생을 신이 바라고 있다고 착각하는 것이다.

대부분의 사람들은 가난이 신의 계획 중 일부이며 원래 필연적인 것이라 여기고 있다. 신이 천지창조를 끝내고 만들 수 있는 모든 것을 만든 이상, 자신에게 넉넉하게 주어지지 않으면 가난을 받아들여야 한다고 생각하고 있다.

이처럼 착각에 빠져 있기 때문에 부를 추구하는 것은 부끄러운 것이며 생활에 곤란을 겪지 않을 정도의 적당한 수입 이상은 바라지 않아야 한다고 여긴다.

나는 지금도 한 수강생을 생생히 기억하고 있다.

나는 그에게 "바라는 것을 확실하게 연상해 봐라. 그러면 창조적인 사고가 '혼돈'에 전달될 것이다."라고 말했다.

수강생은 임대주택에 살면서 하루하루를 근근이 연명하는 매우 힘든 생활 속에서 바라는 모든 것이 주어진다는 것을 이해하지 못했다. 가르쳐준 대로 한참을 생각한 끝에 그는 추운 겨울날 새 이불과 석탄 난로를 원한다고 해서 사치는 아닐 것이라고 생각하기에 이르렀다.

이 책의 가르침에 따라 수강생은 몇 달 후 바라던 것을 손에 넣을 수 있었다. 그리고 비로소 자신이 무언가 바라는 방법이 잘못되었음을 깨닫게 되었다.

그래서 집안 구석구석을 점검하고 개선해야 할 점들을 정리했다. '여기에 창문이 있으면 좋겠어. 저기 방이 하나 더 있었으면 좋겠어.' 하는 식으로 이미지를 차곡차곡 쌓아나가면서 이상적인 집의 모습을 머릿속으로 완성시킨 후 인테리어에 대한 계획도 짰다.

머릿속으로 형상을 상세하게 그리고, '확실한 방법'에 따라 생활하며 그 바람을 향해 행동한 수강생은 현재 그 집을 사서 머릿속으로 그렸던 모습대로 집을 고치고 있는 중이다.

그리고 더욱 더 확신을 가지고 더 훌륭한 것들을 손에 넣으려 하고 있다.

그렇게 될 수 있었던 것은 그가 강한 확신을 가졌기 때문이며, 당신은 물론 누구에게나 당연히 똑같은 일이 일어날 수 있다.

2

부를 손에 넣을 권리

가난이 청빈함이라고 아무리 칭송한다 할지라도 돈이 없으면 부족함 없는 순조로운 인생을 영위할 수 없다는 사실에는 변함이 없다. 또한 돈이 충분하지 않다면 자신의 재능과 심리적 가능성을 최대한으로 펼칠 수 없다.

왜냐하면 꿈을 키우고 재능을 키우기 위해서는 여러 가지 이용수단이 필요하며, 그것들을 얻기 위해서는 돈이 필요하기 때문이다.

인간은 온갖 것들을 이용해 지식과 심신을 성장시키는데, 사회는 경제력이 없으면 이것들을 성취할 수 없는 구조로 되어 있다. 따라서 인간으로서 모든 성장을 해나가기 위해서는 먼저 풍요로워지는 방법을 알고 있지 않으면 안 된다.

적은 것에 만족하는 부덕함

모든 생명의 목적은 성장하는 것이며, 생물에게는 모두 성장할 권리가 있다. 하지만 그것을 남에게 양보하는 것은 불가능하다.

인간에게 있어 살 권리란, 지식과 심신이 생동감 넘치게 활동하기 위해 필요한 모든 것을 자유롭고 무한대로 쓸 수 있는 권리라고 해도 좋을 것이다. 그것은 다시 말해 경제력을 갖는 것이라고도 할 수 있다.

이 책에서 말하는 풍요로움이란 비유적인 것이 아니다. 진정한 풍요는 적은 것에 만족하거나 그것으로 충분하다고 생각하는 것이 아니다.

많은 것을 손에 넣고 경험할 수 있는데도 불구하고 적은 것에 만족해서는 안 된다. 만물의 목적은 생명의 성장과 개화에 있으며, 사람은 누구나 생명의 활력과 품격, 아름다움과 풍요를 가져다주는 것을 손에 넣어야 한다.

손에 넣지 않고 만족하는 것은 신의 섭리에 어긋나는 일이다.

바라던 삶을 영위하면서 원하는 모든 것을 손에 넣을 수 있는 사람은 풍요로운 사람뿐이다. 자유롭게 쓸 수 있는 돈이 없다면 필요한 것을 모두 손에 넣을 수는 없는 일이다.

생활이 향상되고 매우 복잡해진 오늘날 아주 평범한 사람들이 충실한 생활을 영위하기 위해서는 상당히 많은 돈이 필요하다.

물론 누구나 능력이 되는 한 최고가 되길 갈망하고 있다. 태어나면서부터 가지고 나온 가능성을 실현하고 싶다는 바람은 인간이 선천적으로 가지고 태어난 천성이며, 개개인에게 있어서도 뭔가 이루고 싶다는 바람에는 끝이 없다.

인생의 성공이란, 바라던 자신의 모습을 이루는 것이며 가능한 모든 것을 이용해야만 그것을 실현시킬 수 있다.

물론 자유롭게 그 모든 것들을 이용하기 위해서는 그것을 살 수 있을 만큼의 재력을 겸비할 필요가 있다. 따라서 부자가 되는 방법을 배우는 것은 그 어떤 것보다도 먼저 배워두어야 한다.

부자가 되길 바라는 것은 절대로 나쁜 것이 아니다. 풍요에 대한 갈망은 더욱 더 많은 기회와 충실함, 결실이 많은 인생을 영위하고자 하는 갈망이며 그런 갈망은 칭찬받아 마땅하다.

지금보다 더 많은 것을 얻고 싶어하지 않는다면 그는 옹졸하고 뒤틀어진 사람에 불과하다. 필요한 것을 충분히 갖출 수 있는 경제력을 원하지 않는다면 별난 사람이라고 부를 수밖에 없다.

인생에 꼭 필요한 세 가지 목표

우리는 인생에서 건강한 몸을 만들고, 지식을 쌓고, 마음을 풍요롭게 하고자 하는 세 가지 목표를 가지고 살아가고 있다. 이것들 중에 어느 하나만을 우선시하거나 신성시해서는 안 된다. 각각 똑같이 소중한 것이다.

체력과 지식, 마음의 세 가지 중에 어느 한 가지라도 부족하거나 제대로 표현할 수 없다면 충실한 인생을 영위하기란 불가능하다.

마음만을 충족시키기 위해 사는 것은 바람직하다고 할 수 없으며 중요하지도 않다. 지식만을 쌓고 몸과 마음을 등한시하는 것 또한 잘못된 것이다.

지식과 마음을 성찰하지 않고 몸이 가는 대로 생활한다면 불길한 결과를 초래하게 된다. 이 사실을 깨닫고 몸과 지식, 마음을 활용해서 자신이 가지고 있는 능력을 최대한으로 발휘하는 것이 진정한 인생이라고 우리는 생각한다.

무슨 말을 하든지 몸이 활발하게 움직이지 못하고 모든 기능이 제 역할을 충실히 해내지 못한다면 행복과 만족감을 충분히 맛볼 수 없다.

물론 지식과 마음도 마찬가지다. 할 수 있는 일을 할 수 없거나 충분한 기능을 발휘하지 못할 경우 소망은 이루어지지 않은 채 남겨질 것이다. 바람이란 도전해 보고 싶은 가능성이며 실행하고자 하는 기능이다.

인간은 충분한 음식과 따뜻한 옷, 안락한 집이 없다면 건강하게 활동할 수 없다. 가혹한 노동을 하는 것도 좋지 않다. 육체를 위해서는 휴식하며 기분전환을 시킬 필요가 있다.

또한 글을 쓰거나 책을 읽을 시간, 여행과 관찰을 할 기회가 없고,

혹은 지적인 대화를 나눌 상대가 없다면 지식을 제대로 쌓을 수 없다. 지식을 충분히 늘리기 위해서는 지적 오락이 필요하며, 공예품과 미술품을 주변에 두고 쓰거나 감상하는 것도 잊어서는 안 된다.

마음을 생기 넘치게 활동시키기 위해서는 사랑도 반드시 필요하다. 돈이 없으면 사랑은 도망가 버리고 만다.

인간의 최대 행복은 사랑하는 사람에게 이익을 나눠주는 것이다.

사랑의 가장 자연스럽고 자발적인 표현은 '나누는' 행위이다. 나눌 수 없는 사람은 남편과 부모로서, 국민 혹은 인간으로서의 역할을 다 할 수 없다.

가능한 모든 것을 이용해야만 인간은 제대로 된 활동을 할 수 있으며, 지식을 쌓고 마음을 열 수 있다. 그러므로 풍요로움은 무엇보다도 중요하다. 풍요로워지고 싶다고 바라는 것은 당연한 것이며 평범한 인간이라면 누구나 그것을 바라지 않고는 살 수가 없다.

'풍요로워지기' 위해 가능한 모든 방법을 동원하는 것은 너무도 자연스러운 일이다.

왜냐하면 모든 학습 중에서 이것이야말로 가장 고귀하고 중요한 것이기 때문이다. 만약 이 학습을 게을리한다면 자기 자신과 신, 인류에 대한 의무를 게을리하는 것이다.

왜냐하면 인간은 신과 인류에 대해 자기 자신을 최대한으로 활용하는 것 이상의 큰 봉사가 없기 때문이다.

3
부를 손에 넣기 위한
'단 한가지' 방법

　풍요를 누리기 위해서는 과학적인 법칙을 알고 있어야 한다. 이것은 대수나 산술과 마찬가지로 객관적이고 과학적인 지식이다.

　부를 얻는 과정에는 일정 법칙이 작용하고 있어, 그것을 배우고 제대로 지키기만 하면 풍요로워진다는 것은 물리적 사실로도 증명할 수 있다.

　돈과 재산은 '확실한 방법'에 따라 모든 행동을 한 결과로서 손에 들어오는 것이다.

　그 확실한 방법에 따라 행동으로 옮긴 사람은 의식적이든 무의식적이든 간에 풍요를 누릴 수 있으며, 그와 반대로 그 법칙을 지키지 않는 사람은 아무리 유능하고 피나는 노력을 한다 하더라도 금전적으로 풍족해질 수 없다.

똑같은 일을 하면 똑같은 결과를 얻을 수 있다는 것이 자연의 섭리이다. 따라서 이 확실한 방법에 따라 모든 행동을 하기만 한다면 누구나 틀림없이 풍요를 누릴 수 있게 된다.

지금부터 하는 이야기를 잘 읽으면 그 말에 거짓이 없다는 것을 깨닫게 될 것이다.

성공을 좌우하는 조건

풍요는 환경에 따라 결정되는 것이 아니다.

만약 그렇다면 특정 지역에 사는 사람은 모두 부자가 되고, 그 밖의 지역에 사는 사람들은 모두 가난에 쪼들리는 생활을 해야 할 것이다.

하지만 지구상의 모든 곳에는 부자와 가난한 사람이 함께 존재하며 살아가고 있다.

환경, 때로는 직업 또한 마찬가지다. 같은 지역에 살며 똑같은 일을 하는 두 사람 가운데 한 사람은 가난하고 다른 한 사람은 부자가 되는 걸 보면, 풍요를 결정하는 주된 원인은 환경 때문이 아니라는 것을 분명히 알 수 있다.

환경에 따라 약간의 유리하거나 불리한 점은 있을 수 있다. 하지만 같은 지역에서 같은 일을 하면서도 어떤 사람은 잘 살고 또 어떤 사람은 그렇지 못한 이유는 '확실한 방법'을 따라 모든 행동을 했는지 안 했는지에 달려 있다고 보는 것이 타당하지 않을까?

그리고 이 확실한 방법에 따라 모든 행동을 하기 위해서는 그저 재능만 있다고 다 되는 것은 아니다. 왜냐하면 뛰어난 재능을 가진 사람이 가난에 허덕이거나 재능 없는 사람이 부자가 되는 경우도 있기 때문이다.

풍요를 누리는 사람들을 조사해 보면, 모든 점에서 평균적인 사람뿐이며, 다른 사람들과 비교해서 아주 뛰어난 재능과 능력을 가지고 있는 것은 아니라는 걸 깨닫게 될 것이다.

그 사람들이 다른 사람에게는 없는 재능과 능력을 갖고 있어서가 아니라 그저 '확실한 방법'에 따라 행동한 결과라는 것을 분명히 알 수 있다.

풍요는 근검 절약의 결과가 아니다. 검소한 생활을 하는 수많은 사람들이 풍요를 누리지 못하는 반면에 돈을 물 쓰듯이 쓰는 사람이 유복한 생활을 하는 경우도 드물지 않다.

풍요를 누리는 것은 다른 사람들이 하지 않는 방법으로 행동하기 때문이 아니다. 왜냐하면 두 사람의 동업자가 거의 같은 일을 하더라도 한 사람은 성공하고 또 한 사람은 일이 잘 풀리지 않거나 도산하는 경우가 있기 때문이다.

이렇게 찬찬히 훑어보면, 풍요를 누리기 위해서는 '확실한 방법'에 따라 행동한 결과라는 결론을 내릴 수밖에 없다.

'확실한 방법'에 따라 행동하면 그 결과 풍요를 누릴 수 있게 되고, 같은 행동으로 같은 결과를 얻을 수 있다면, 누구나 그 방법을 따름으로써 반드시 풍요를 누릴 수 있다는 얘기가 된다.

그리고 이 모든 것은 객관적이고 명확한 과학적 지식으로 설명할 수 있다.

그렇게 되면 '확실한 방법'이 그리 어렵지는 않다 해도 소수의 사람들밖에 실천할 수 없는 것은 아닌가 하는 의문이 생긴다. 하지만 그런 걱정은 할 필요가 없다.

어떤 역경에 처하더라도 반드시 성공할 수 있다

지금까지 살펴본 것처럼 타고난 성품은 전혀 관계가 없다. 재능이 있는 사람도, 머리가 나쁜 사람도, 재치가 있는 사람도, 둔한 사람도, 건강한 사람도, 허약한 사람도 모두 풍요를 누릴 수 있다.

물론 어느 정도 생각하고 이해할 수 있는 능력은 반드시 필요하다. 단, 선천적 능력에 국한해서 말하자면 이 책을 읽고 이해할 수 있는 능력만 있다면 틀림없이 풍요를 누릴 수 있다.

환경이 결정적 원인이 아니라는 것에 대해서도 이미 이야기했지만 장소는 분명히 중요한 요소다. 사하라 사막 한복판이 아니면 성공할 수 없는 사업도 있을 것이다.

부자가 되기 위해서는 타인과 거래를 하거나 그럴 상황에 맞닥뜨리게 되는 경우가 종종 있을 것이다. 상대가 자신의 의사대로 거래를 인정해 주면 좋겠지만 그것은 어디까지나 상황에 달려 있다.

같은 마을에 사는 누군가가 부자가 될 수 있다면 당신도 불가능할 리가 없다.

다시 한 번 반복하지만 이것은 특정 직업이나 일을 선택하는 문제가 아니다. 주변의 동업자가 가난하다 할지라도 그와 상관없이 어떤 직업이든, 어떤 일이든 간에 부자가 될 수 있다.

좋아하는 일과 적성에 맞는 일, 재능을 키울 수 있는 일을 한다면 크게 성공할 것이며, 재능을 발휘할 수 있는 일을 한다면 일이 잘 풀릴 것이다.

그리고 그 지역에 맞는 일을 한다면 큰 성공을 거둘 수 있을 것이다. 아이스크림 사업을 하고 싶다면 그린란드보다는 따뜻한 곳이 좋을 것이고, 연어잡이를 하려면 연어가 잡히지 않는 플로리다보다는 북서부 지방이 좋은 것은 당연한 이치다.

이런 상식적인 한계는 있지만, 부자가 될 수 있을지는 특정 직업이 아니라 어디까지나 '확실한 방법'에 따라 행동하는가에 달려 있다. 지금 하는 일에서 같은 지역의 동업자는 수입이 늘었지만 자신은 거의 늘지 않았다면 그 원인은 상대와 같은 방법으로 일을 하지 않았기 때문이다.

자본이 없어서 부자가 될 수 없다는 것은 인정할 수 없다. 물론 자본이 있다면 비교적 쉽고 빠르게 재산을 늘릴 수 있을 것이다. 이미 자본이 있고 어느 정도 풍요를 누리고 있다면 그 이상으로 풍요로워지기 위한 방법을 생각할 필요는 없다.

지금 당장은 돈이 없더라도 '확실한 방법'으로 모든 행동을 한다면 부자가 되기 위한 첫걸음, 자금을 손에 넣기 위한 첫걸음을 내디딜 수 있다. 자금을 손에 넣는 것은 부자가 되기 위한 하나의 과정임과 동시에 '확실한 방법'으로 모든 행동을 한다면 반드시 손에 넣을 수 있는 성과이기도 하다.

만약 지금 손아귀에 자금이 없다고 하더라도 자금을 손에 쥘 수 있을 것이다. 적성에 맞지 않는 일을 하고 있는 경우에는 자신에게 걸맞는 일을 찾을 수 있게 될 것이다. 장소가 부적절하다면 적당한 장소로 옮기면 그만이다.

지금 하고 있는 일과 장소에서 '확실한 방법'으로 모든 행동을 시작하여 성공을 향해 앞으로 전진하자.

4
부를 손에 넣기 위한 기본 원칙

'혼돈'으로부터 형태를 갖춘 것을 만들어내는 힘은 '사고력' 밖에 없다. 만물의 근원은 사고력이며 '사고하는 물질'이 연상한 형태가 현실의 모습으로 창출되는 것이다.

'원시 물질'은 스스로의 사고력에 따라 행동한다. 자연계에서 볼 수 있는 모든 형상과 변화의 과정은 '원시 물질'이 생각한 것을 눈에 보이는 형태로 표현한 것이다.

'혼돈'은 모습을 연상함으로써 그 모습을 갖게 된다. 운동을 생각하게 되면 그 운동을 하게 된다. 만물은 그야말로 그렇게 해서 창조된 것이다.

우리가 살고 있는 세상은 사고력에 의해서만 만들어지며, 이 세상은 사고력에 의해 만들어진 우주의 일부이다.

운동하는 우주라는 사고가 '혼돈'의 구석구석에 퍼져 그 사고에 따라 '사고하는 물질'이 작용하는 동안 혹성체계라는 형태를 띠고 그 형태를 지속하게 되는 것이다.

'사고하는 물질'은 그 형태가 되어 사고의 방향에 따라서 운동하게 된다.

태양과 세계의 선회운동을 연상한 '사고력'은 그와 같은 형태의 천체를 형성하고 사고한 대로 그 천체군을 운동하게 한다.

천천히 성장하는 떡갈나무를 사고하면 그에 따라 운동을 시작하게 되고 수세기의 시간을 거쳐 커다란 수목으로 성장한다.

창조 활동을 할 때 '혼돈'은 스스로 정한 법칙에 따라 움직인다. 한 그루의 떡갈나무를 연상한 것만으로 갑자기 커다란 나무가 만들어지는 것은 아니지만 정해진 성장의 법칙에 따라 나무를 만드는 힘이 활동을 시작하는 것이다.

사고의 중심에 있는 존재, 그것이 바로 인간이다

'사고하는 물질'이 연상한 형태는 대부분의 경우 정해진 성장과 활동의 법칙에 따라 현실의 형태로 완성된다.

특정 양식을 가진 집의 설계를 생각했다고 가정해 보자.

그 생각은 '혼돈'에 전달된다. 그렇다고 해서 생각했던 집이 당장 세워지는 것은 아니다. 그 대신에 이미 통상적인 분야에서 발휘되고 있는 창조력을 이 방면에 작용시키면 단기간 내에 집이 완성될 지도 모른다.

다시 말해 창조력을 발휘할 수 없다면 유기물, 무기물이 천천히 진화될 때까지 기다리는 것이 아니라 지금 있는 재료를 직접 활용해 집을 지어도 좋을 것이다.

연상된 형태는 '원시 물질'에 전달되어 현실의 형태로 창출된다.

인간은 사고의 중심이며 사물을 생각해낼 수 있는 존재이다.

인간의 손으로 만들어진 형태는 모두 원래 머릿속에서 생각했던 것이다. 인간이 생각을 함으로써 드디어 사물을 현실의 형태로 만들 수 있는 것이다.

지금까지 인간은 자신들이 만들어낸 것에만 힘을 쏟아 왔다. 지금까지 형태를 갖춘 수많은 것에 힘을 쏟아 기존의 형태를 바꾸거나 수정하는 일만 해 왔다.

자기 자신의 사고를 '혼돈 물질'에 전달해 새로운 것을 창조하는 일은 생각조차 하지 않았다.

사람이 사물의 형태를 생각할 때는 자연계의 모습에서 그 소재를 구하고 마음에 연상된 형태를 구체화시킨다. 우리는 지금까지 '혼돈을 지배하는 지성'과 협력하려고, 다시 말해 '신과 함께' 일하려고 하지 않았다. "신이 행한 모습을 보고 따라 하라."('요한복음' 5장 19절)고 하는 것은 꿈조차 꾸지 못했다.

우리는 인간의 손으로 만들어진 기존의 모습을 고치거나 수정할 뿐 자신이 머릿속으로 연상한 것을 '혼돈'과 대화하면서 만들어내는 것은 생각조차 하지 않았다.

이 책에서는 그것이 가능하다는 것과 누구라도 그럴 수 있다는 것, 그리고 그 실천 방법에 대해 이야기하고 있다. 먼저 그 첫걸음으로서 세 가지 제안을 하고자 한다.

풍요를 창출하는 3원칙

우선 '원시 물질'이라는 혼돈 상태의 만물을 창출한 물질이 있다는 것을 확인하기로 하자.

모든 원소는 표면상으로는 다르게 보이지만 실제로는 하나의 원소가 여러 가지 형태로 나타난 것에 불과하다. 유기물, 무기물에서 볼 수 있는 수많은 형태는 모두 그 형태만 다를 뿐 완전히 똑같은 동일 물질로 만들어진 것이다.

이 물질이야말로 '사고하는 물질'이며 그곳에 전달된 사고가 현실의 형태로 모습을 드러낸다. 사고가 '원시 물질'에서 모습을 창출하는 것이다.

인간은 사고의 중심에서 독창적인 생각을 만들어낼 수 있다. 만약 사고를 '원시 물질'에 전달할 수 있다면 연상하고 있던 것을 형상으로 만들어낼 수 있다. 지금까지의 내용을 요약하면 다음과 같다.

1. 만물의 근원은 사고하는 물질이다.

  사고하는 물질이란 원시 상태에서 우주 공간 구석구석까지 퍼지고 침투하여 충만한 것이다.

2. 사고하는 물질 속에서 만들어진 사고는 머릿속에서 연상했던 모습 그대로의 것을 형상화시켜 창출해낸다.

3. 사람은 모든 사물의 형상을 생각하고 혼돈으로 전달하여 그것이 창출될 수 있게 한다.

이 원칙이 올바른지 증명할 수 있냐고 묻는다면, 상세한 검토는 일단 접어두고 논리적이고 경험적으로 분명히 증명할 수 있다고 대답하겠다.

형상과 사고를 둘러싼 현상에 대해 파고 들어가면, 그 근원은 유일한 '사고하는 물질'이며 '사고하는 물질'이 창조해내는 것은 인간의 사고에 따라 결정된다는 사실에 봉착하게 된다.

많은 사람들이 실천해 줌으로써 이 원칙이 틀림없다는 사실이 증명되었다. 그것이 무엇보다도 확실한 증거이다.

이 책의 내용을 실천하고 풍요를 누리게 된 사람이 한 명밖에 없다면, 그것은 내 증언이 틀리지 않았다는 아주 작은 예에 불과할 것이다. 하지만 내용을 실천한 사람이 모두 부자가 되었으니, 이를 실천하고 실패한 사람이 나타나지 않는 이상 그것이 내 이론을 증명하는 확실한 증거라 할 수 있다.

같은 방법으로 실패한 사람이 나온다면 이 이론이 옳다는 주장이 뒤집어지겠지만, 앞으로도 이 방법으로 실패한 사람은 없을 것이다. 왜냐하면 이 책의 내용을 충실히 실천하는 한 부자가 안 될 까닭이 없기 때문이다.

'확실한 방법'에 따라 행동하면 부자가 된다는 것은 이미 설명한 바 있지만, 그러기 위해서는 '확실한 방법'에 따라 사고하도록 노력하지 않으면 안 된다.

겉모습에 현혹되지 말고 항상 진실을 생각하라

사람의 행동을 결정하는 것은 그 대상에 대한 개개인의 사고이다.

생각했던 방법으로 일을 처리하기 위해서는 일단 마음먹은 대로 일을 처리할 수 있는 사고 방법을 익히지 않으면 안 된다. 이것이 부자가 되기 위한 첫걸음이다.

마음먹은 대로 사고한다는 것은 겉모습에 현혹되지 않고 '진실'을 사고하는 것이다.

마음먹은 대로 사고하는 능력은 누구나 선천적으로 가지고 태어난다. 단, 그러기 위해서는 겉모습만 보고 사고하는 것보다 훨씬 더 많은 노력이 필요하다.

겉모습만 보고 사고하는 것은 간단하다. 하지만 겉모습에 현혹되지 않고 진실을 사고하는 것은 매우 힘든 일로, 다른 그 어떤 일보다도 에너지 소모가 많은 작업이다.

계속해서 끝없이 생각을 하는 활동만큼 피하고 싶은 일도 없다. 세상에 이 이상 중노동은 없을 것이다.

특히 진실이 겉모습과 상반된 경우에는 그런 경향이 두드러진다. 이 세상의 모든 외관은 보는 사람의 머릿속에서 대상과 동일한 형태를 만들어내는 경향이 있다. 그것을 피하기 위해서는 '진실'을 사고하는 수밖에 없다.

병든 겉모습을 보게 되면, 마음속에 병이라는 형태가 만들어져 최종적으로는 몸에도 병이 생기게 된다. 그렇게 되지 않기 위해서는 병든 모습이 아니라, 질병이라는 거짓된 모습만이 존재할 뿐 원래의 모습은 건강하다는 진실을 끝없이 사고하는것이 중요하다.

돈이 없는 상태를 보면 마음속에도 그 모습이 새겨진다. 그렇게 되지 않기 위해서는 금전적으로 여유 있는 모습이나 모든 혜택을 누리고 있다는 진실을 마음속에 품고 있어야 한다.

진짜 모습은 아니더라도 병든 환경에서 건강을 생각하고, 겉으로는 돈이 없지만 풍요를 생각하기 위해서는 '힘'이 필요하다.

하지만 이 힘을 얻은 사람은 '초월한 지성을 가진 사람'이 된다. 그 사람은 운명을 극복하고 바라던 것을 손에 넣을 수 있을 것이다.

이 힘을 얻기 위해서는 모든 겉모습에 감춰진 본질적인 사실을 이해할 필요가 있다. 그리고 그 사실이란, 만물의 근원은 단 한 가지 '사고하는 원시 물질'이라는 것이다.

거기서 자란 모든 사고는 형상이 된다는 것, 그리고 그곳에 전달함으로써 사고를 눈에 보이는 모습으로 만들 수 있다는 진실을 우리는 깨달아야 한다.

이것을 이해하게 된다면 모든 의문과 걱정은 맑게 개일 것이다. 왜냐하면 우리는 마음먹은 대로 상상할 수 있고, 마음먹은 것을 손에 넣을 수 있으며, 마음먹은 자신의 모습으로 될 수 있기 때문이다.

부자가 되기 위한 첫걸음으로서 이 장에서 열거한 기본 원칙을 신조로 지켜주길 바란다. 아주 중요한 내용이므로 다시 한 번 짚고 넘어가기로 하자.

· 만물의 근원은 사고하는 물질이다.
  사고하는 물질이란 원시 상태에서 우주 공간 구석구석까지 퍼지고 침투하여 충만한 것이다.
· 사고하는 물질 속에서 만들어진 사고는 머릿속에서 연상했던 모습 그대로의 것을 형상화시켜 창출해낸다.
· 사람은 모든 사물의 형상을 생각하고 혼돈으로 전달하여 그것이 창출될 수 있게 한다.

이 일원론 이외에 우주의 개념은 버려야 한다. 머릿속에 이것이 완전히 정착되고 개념이 몸에 밸 때까지 일원론에 대해 깊이 생각해 보길 바란다.

여기에서 열거한 신조를 몇 번이고 반복해서 읽자. 모든 내용을 머릿속에 새기고 생각을 떠올리며 확실하게 믿을 수 있도록 해주기 바란다.

어째서 이런 것들이 진실인지 물을 필요는 없다. 대체 왜 이것이 진실일까 고민할 필요가 없다. 그저 이것을 믿어라.

부자가 되기 위한 과학적인 지식은 이 신조를 절대적인 것으로 받아들임으로써 가능해진다.

5
부를 부르는 '감사의 마음'

앞 장에서 부자가 되기 위한 첫걸음은 바라는 이미지를 정확하게 '혼돈'에 전달하는 것이라고 말한 내용을 이해했길 바란다.

그리고 그러기 위해서는 당신 자신이 '무형의 지(知)'와 연결되지 않으면 안 된다.

'무형의 지'와 친밀한 관계를 맺는 것은 무엇보다도 중요하기 때문에 잠시 지면을 할애하여 신의 뜻과 완전히 하나가 되기 위한 확실한 방법을 가르쳐주기로 하겠다.

그러기 위한 마음의 모든 움직임을 '감사'라는 말로 설명할 수 있다. 첫 단계에서는 모든 것을 움직이는 '지(知)의 존재=신'을 믿는 것이다. 다음 단계는 마음으로부터 깊이 감사를 함으로써 '존재'와 연결되는 것이다.

다른 면에서는 더할 나위 없는 삶을 살고 있는 대부분의 사람들이 감사하는 마음이 없어 부자가 되지 못하고 있다. 그들은 신으로부터 한 가지 축복을 받으면 감사하는 마음을 게을리해서 신과의 연결이 끊기고 만다.

풍요의 근원에 가까이 있다면 더 많은 풍요를 누릴 수 있는 것과 마찬가지로, 감사로 넘친 생활을 영위한다면 감사하는 마음이 없이 신을 외면하는 사람보다 훨씬 신에게 가까이 머물 수 있다.

우리가 '신'에게 감사를 하면 할수록 많은 축복을 받을 수 있다. 보다 더 나은 것을 더욱 빨리 받을 수 있다. 그것은 감사하는 마음으로 가득한 태도가 우리 마음을 은총의 근원인 신 가까이로 이끌어주기 때문이다.

감사의 마음을 가짐으로써 당신의 마음과 우주의 창조력과의 친밀한 관계가 더욱 깊어진다는 것은 의외의 생각일지도 모른다. 하지만 잘 생각해보면 그것이 틀림없는 진실이라는 것을 깨닫게 될 것이다.

당신이 이미 누리고 있는 훌륭한 것들은 확실한 법칙을 따랐기 때문이다. 감사의 마음을 가지면 마음이 열려 온갖 것들이 당신의 것이 되고 창조적인 사고에 다가가 경쟁심은 품지 않아도 된다.

감사의 마음을 가지면 '세상의 모든 것'에 눈길이 가기 때문에 한정된 것밖에 주어지지 않는다는, 희망을 포기하게 하는 오해를 하지 않아도 된다.

감사의 법칙

사실 감사에는 특정 법칙이 작용하고 있어 소망을 이루기 위해서는 반드시 그 법칙을 지키지 않으면 안 된다.

'감사의 법칙'이란 작용 반작용이 항상 균등하게 각각 반대 방향을 향하여 작용하는 자연의 법칙이다.

'신'에게 감사의 마음을 전달하는 것은 힘을 해방시켜 외부로 표출하는 것이다. 그것은 반드시 신에게 작용하고 순식간에 그 반작용을 받게 된다.

"신에게 다가가라. 그러면 신은 당신에게 다가올 것이다."('야고보서' 4장 8절)라고 하는 것은 심리학적 진실과 일치하는 말이다.

그리고 깊은 감사의 마음을 계속 유지한다면 '혼돈'으로부터도 강한 반작용이 이어져 당신이 바라는 모든 것이 끝없이 당신을 향해 작용할 것이다.

예수의 감사에 넘치는 태도를 보라. 어떤 장소에 있더라도 "나의 소망을 들어주시는 아버지여, 감사드립니다."('요한복음' 11장 41~42절)라는 말이 들리지 않는가?

감사의 마음이 없다면 큰 힘을 발휘할 수 없다. 당신과 '힘'을 연결하고 있는 것은 바로 감사의 마음이다.

하지만 감사의 훌륭한 점은 미래의 은혜에만 국한된 것이 아니다. 감사의 마음이 없다면 현 상태에서 불만을 품게 된다.

현 상태에서 불만을 품고 있으면 모든 일이 다 잘 풀리지 않게 된다. 진부한 것, 평범한 것, 가난한 모습, 초라하고 볼썽사나운 것에만 눈길이 가게 돼 마음속에 그와 똑같은 형상이 자리 잡게 된다.

그러면 당신은 그 이미지를 '혼돈'에 전달하게 되어 진부하고 가난한 모습, 초라하고 볼썽사나운 것만 당신에게 전달될 것이다.

볼썽사나운 것에 마음이 향하게 되면, 당신 자신도 점점 볼썽사납게 되고 그런 것들이 당신 주변을 감싸게 된다.

그와 반대로 훌륭한 것에 주의를 기울이면 훌륭한 것들만 주변에 모여들어 당신 자신도 아주 훌륭한 상태를 유지하게 될 것이다.

우리는 '사고하는 존재'인데, '사고하는 존재'란 스스로 사고한 형상을 취하는 것이다. 감사의 마음은 항상 선한 것을 향하고 있기 때문에 선한 것이 되려고 한다. 최상의 모습과 성질을 띠며 결국 최상의 것을 받아들이는 것이다.

또한 확신이란 감사하는 마음에서 생겨나는 것이다. 감사의 마음은 선한 것을 기대하고 그 기대는 결국 확신으로 바뀌게 된다.

감사의 마음에 대한 반작용은 그 사람의 마음에 확신을 심어주고 감사하는 마음이 생길 때마다 확신은 더욱 깊어진다. 감사의 마음이 없는 사람은 확신을 유지할 수 없으며, 확신할 수 없다면 다음 장에서 설명하는 것과 같은 창조적 방법으로 부자가 될 수 없다.

당신에게 주어진 모든 훌륭한 것들에 대해 항상 감사하지 않으면 안 된다.

물론 모든 것이 당신의 성장에 도움이 되므로 만물에 대해서도 감사해야 할 것이다.

대부호와 철강왕의 오점이나 불법행위를 생각하거나 이야기하면서 시간을 낭비해서는 안 된다. 그들이 기업이라는 조직을 만들어주었기 때문에 당신은 기회를 얻을 수 있었다. 그들이 있었기 때문에 당신은 모든 것을 손에 넣을 수 있었던 것이다.

부패한 정치가에게 화를 내서는 안 된다. 그들이 없었다면 세상은 무정부상태가 되어 당신의 기회도 줄어들었을 것이다.

신은 오랜 세월 동안 강한 인내심을 가지고 지금의 산업과 정치를 선물했다. 그리고 신은 앞으로도 계속 창조적인 일을 해나갈 의사를 가지고 있다.

대부호와 철강 왕, 실업가와 정치가가 없더라도 충분히 당신의 뜻을 펼칠 수 있지만 당분간은 그들이 도움이 될 것이라고 생각하고 있다. 그들은 모두 당신이 부자가 되기 위한, 말하자면 전선을 이어주는 역할을 하고 있는 것이다.

그러므로 그들 모두에게 감사하지 않으면 안 된다. 그러면 모든 사물 속에 있는 선과 당신은 일체가 되어 모든 것 속에 있는 선이 당신을 향해 다가올 것이다.

6
'확실한 방법'에 따라 사고하라

1장에서 말한 '집에 대한 이미지를 마음속으로 그린 수강생'의 이야기(165쪽)를 다시 한 번 읽어보기 바란다. 그러면 부자가 되기 위한 첫걸음에 대해 조금은 이해가 될 것이다.

바라는 것이 있다면 머릿속으로 명확하고 구체적인 이미지를 연상하지 않으면 안 된다. 자신의 생각을 전달하기 위해서는 머릿속에 떠올릴 필요가 있다.

자신이 이해할 수 없는 것을 남에게 전달할 수는 없다. 하고 싶은 것과 얻고자 하는 것, 되고 싶은 것에 대해 애매하고 흐릿한 생각 때문에 많은 사람들은 그것을 '사고하는 물질'에 전달하지 못하고 있다.

막연히 '뭔가 좋은 일을 하고 싶어서' 부자가 되고 싶다는 것만으로는 부족하다. 그것은 누구나 생각하고 있는 것이다.

여행을 통해 시야를 넓히고 인생을 충실하게 하고 싶다는 바람만으로는 부족하다. 누구나 그런 바람을 가지고 있다.

예를 들어 당신이 친구에게 전보를 치게 되었다고 하자. 알파벳 표를 보내고 전보를 받는 상대에게 글자를 조합해 메시지를 완성시키라고 하지는 않을 것이다. 사전에서 무작위로 선택한 단어를 늘어놓을 수도 없을 것이다. 당연히 의미가 전달되는 문장을 보낼 것이다.

당신이 원하는 것을 '물질'에 전달할 때는 논리 정연한 말로 전달하지 않으면 안 된다는 사실을 잊지 말라. 원하는 것이 무엇인지 확실히 깨닫고 명확히 할 필요가 있다.

흐릿하고 불확실한 바람을 전달한다고 해도 부자가 되거나 창조력을 발휘할 수는 없다.

집안 전체를 점검한 수강생과 마찬가지로 자신이 무엇을 바라고 있는지에 대해 깊이 생각하고 얻고자 하는 것의 명확한 이미지를 연상해 보기 바란다.

가령 선원이 항해하는 동안 항상 목적지의 항구를 생각하고 있듯이 그 명확한 이미지를 끊임없이 마음속에 연상하고 생각하라. 조타수가 나침반에서 눈을 떼지 않는 것처럼 당신도 당신이 바라는 것에서 눈을 떼서는 안 된다.

집중력을 높이기 위한 연습을 할 필요는 없다. 기도를 하거나 자신을 고무시키기 위한 말을 외치고 명상을 하는 등 신비주의를 흉내 낼 필요도 없다.

그런 것이 도움이 되는 경우도 있지만, 당신에게 필요한 것은 그저 마음속으로 바라는 것이 무엇인지, 무슨 일이 있더라도 얻고자 하는 것이 무엇인지를 깨닫고 그것을 끊임없이 생각하는 것이다.

시간이 날 때마다 항상 그 이미지를 반복해서 연상하라. 물론 마음속으로 바라는 것이 무엇인지를 명확히 하기 위해 일부러 집중력을 높이는 연습을 할 필요는 없다. 노력하지 않고는 주의를 기울일 수 없다면 그것은 그다지 중요한 것이라고 할 수 없다.

마음속으로 부자가 되고 싶다고 바라고, 그것도 아주 강하게 갈망해서 자석을 끌어당기는 자극처럼 목적에 사고를 집중시킬 정도가 아니면 이 책의 내용을 실행할 가치는 없을 것이다.

강한 갈망과 확신을 가져라

여기서 소개하는 방법은 부자가 되기를 강하게 갈망하며 태만과 안일함에 휩쓸리는 마음을 충분히 극복하고 노력하려는 사람을 위한 것이다.

이미지가 명확하고 구체적으로 바뀜에 따라, 그리고 노력을 게을리하지 않고 상세한 부분에 가까이 다가갈수록 당신의 갈망은 더욱더 강해지고, 갈망이 강해지면 한층 더 이미지에 마음이 집중될 수 있다.

하지만 명확한 이미지만으로는 충분하지 않다. 만약 이미지를 부풀리기만 하는 것이라면, 당신은 꿈을 꾸는 것에 불과하며 목표달성을 위한 능력을 갖췄다고 할 수 없을 것이다.

명확한 구상의 이면에는 그것을 실현시켜 형상화하고자 하는 결의가 없으면 안 된다.

그리고 그 결의의 이면에는 그것이 이미 자신의 것이라는 흔들리지 않는 확고한 신념이 없으면 안 된다. 그것은 '손이 닿는' 곳에 있으며 손을 뻗기만 하면 자신의 것이 된다고 생각하는 것이다.

새 집에 산다는 마음으로 어떤 것으로 둘러싸인 삶을 살고 싶은지 생각하라. 상상의 세계라면 원하는 것은 무엇이든 다 갖춰진 곳으로 당장이라도 갈 수 있을 것이다.

"너희가 기도하며 구하는 것은 무엇이든 그것을 이미 받았다고 믿어라. 그러면 그대로 다 될 것이다."('마르코복음' 11장 24절)라고 예수는 말했다.

실제로 바라는 것들로 항상 둘러싸여 있는 상황을 상상해 보라.

그것들을 자기 것으로 만들어 자유롭게 쓰고 있다고 상상해 보라.

실제로 자신의 것이라고 생각하고 그것들을 이용해 보라.

이미지가 명확하고 구체화될 때까지 깊이 생각하고 그곳에 있는 모든 것을 소유하고 있다는 '정신적 태도'를 취하라.

모든 것이 대부분 자신의 것이라는 확신을 가지고 소유하라.

상상 속에서 항상 소유하고 있어라.

틀림없이 자신의 것으로 소유하고 있다는 확신을 한시라도 잊어서는 안 된다.

그리고 앞 장에서 말한 감사의 마음을 가슴에 새기고, 그것이 현실로 이루어졌을 때 느낄 감사의 마음을 상상 속에서도 계속 품고 있어라.

아직 상상의 단계에서만 소유하고 있는 것에 대해 마음속으로 신께 감사할 수 있는 사람에게는 확신이 있는 것이다. 그 사람은 바라는 것이 무엇이든 간에 만들어내어 풍요를 누릴 것이다.

원하는 것이 있다고 해서 쉬지 않고 기도할 필요는 없다. 매일매일 신에게 호소할 필요는 없다.

"기도할 때 이방인들처럼 같은 말을 그저 반복하기만 해서는 안 된다."('마태오복음' 6장 7절)라고 예수는 제자들에게 말했다. "우리의 아버지께서는 우리가 기도하기 전에 우리에게 필요한 것이 무엇인지 알고 계시기 때문이다."('마태오복음' 6장 8절)

당신이 해야 할 일은 풍요로운 삶을 위해 무엇이 필요한지를 명확히 하고, 그것을 하나로 정리해 '바라는 모든 것'으로서 '혼돈'에 전달하는 것이다. '혼돈'에는 필요한 것을 가져다주는 힘과 의사가 있기 때문이다.

말을 아무리 반복할지라도 소망을 전달할 수는 없다. 그러기 위해서는 반드시 손에 넣겠다는 굳건한 '결의'와 강한 '확신'을 가지고 확실한 이미지를 만들 필요가 있다.

기도의 진정한 의미와 그 방법

기도는 말이 아니라 노력을 기울여 표현한 신앙에 대해 전달되는 것이다.

특별한 안식일에만 자신의 바람을 신에게 전달하고 평소에는 신에 대해 아무 생각도 하지 않는다면 생각을 신에게 전달할 수는 없다. 특정 장소와 시간을 정해두고 다음 기도 시간이 될 때까지 잊고 있다면 생각이 신에게 전달될 수 없다.

입 밖으로 소리를 내서 도움이 되는 것은 자기 자신의 이미지를 명확하게 하고 확신을 다지기 위한 때에만 국한된다.

하지만 기도를 했다고 해서 바라는 것을 얻을 수 있는 건 아니다. 부자가 되기 위해서는 '조용한 기도 시간'을 갖는 것보다 '끊임없는 기도'가 필요하다.

이때 기도는 구체적인 결의와 얼마 후 구체화된다는 확신을 가지고 계속해서 그 이미지를 연상하는 것이다.

"기도를 통해 바라는 것은 무엇이든 이미 얻었다고 믿어라."('마르코복음' 11장 24절)

이미지가 명확해지면 이번에는 받을 차례다.

이미지가 완성되면 말로 되뇌어라. 경건한 태도로 신에게 털어 놓아라. 그러면 그 순간부터 바라는 것이 상상 속에서 이미 주어졌다는 것을 깨닫게 될 것이다.

당신은 새 집에서 살면서 멋진 옷을 입고, 자동차를 타고 당당하고 화려한 여행을 계획할 것이다. 바라는 것을 실제로 모두 손에 넣었다는 마음으로 이야기하면 된다.

바라는 환경과 경제력이 갖춰졌다고 상상하고 그 상태가 지속되고 있다고 생각하라.

단, 단순한 상상과 공상으로 끝내는 것이 아니라 그것이 실제로 실현되고 있다는 '확신'과 자신의 손으로 실현시킬 '결의'를 강하게 끊임없이 품어야 한다는 것을 잊어서는 안 된다.

과학자와 몽상가를 구별하는 것은 확신과 결의를 가지고 그것을 상상하는가에 달렸다. 이 점을 이해하고 앞으로 '의지력'을 올바르게 활용하는 방법에 대해 배우는 것이 중요하다.

7
'확실한 방법'에 따라 행동하라

사고란 무언가를 만들어내는 힘이며 만들어내도록 작용하는 힘이다. 부자가 되기 위해서는 '확실한 방법'에 따르는 것이 중요하지만 사고에만 의지하고 행동으로 옮기지 않는다면 헛수고이다.

그것이 장애물이 되어, 다시 말해 사고와 행동이 일치하지 않아서 그 밖의 것은 과학적 사고를 하면서도 좌절을 맛보게 되는 것이다.

지금 시점은 우리가 이 책에서 성과를 얻을 수 있는 단계에 아직 도달해 있지 않다. 과연 자연의 힘에도 의지하지 않고 남의 도움도 받지 않고 '혼돈'에서 뭔가를 끄집어낼 수 있을까?

사고는 당연히 중요한 것이지만 사고에는 당신 자신의 행동이 동반되지 않으면 안 된다.

사고의 힘으로 산속 깊이 잠들어 있는 금괴를 강제로 당신 곁으로 끌어들일 수는 없다. 금이 저절로 땅속에서 나오거나 제련되어 금화가 되거나 하는 일은 없다. 길거리를 굴러다니다가 당신 주머니 속으로 찾아 들어오지도 않는다.

'숭고한 영혼'의 강한 의지가 작용하면 그 힘을 받은 사람 중 누군가가 당신을 위해 금을 캐고, 또 다른 누군가는 그것을 사들이고, 당신의 품에 금이 안길 수 있도록 움직이는 것이다.

당신은 해야 할 일을 끝내고 찾아 들어온 금을 받아들이면 된다.

사고는 생물과 무생물을 모두 포함한 만물에 영향을 미쳐 바라는 것을 이룰 수 있도록 작용한다. 단, 그것을 확실하게 받아들이기 위해서는 스스로 적극적으로 움직일 필요가 있다.

당신은 빼앗거나 거저 받는 것이 아니다. 그리고 모든 사람에게 당신이 받은 것 이상의 가치를 되돌려 줘야 한다.

사고의 과학적인 활용 방법이란, 바람을 명확하고 구체적으로 연상하며 반드시 손에 넣겠다는 결의를 잊지 않고 감사의 마음으로 확신하고 그것을 실현시키는 것이다.

사고가 저절로 전달되기를 바라며 신비적인 방법이나 초자연적인 방법으로 사고를 '투영'해서는 안 된다. 그것은 헛수고이며 건전한 사고력을 약하게 만드는 것이다.

부자가 되는 과정에서 사고가 어떻게 작용하는지는 지금까지 말했듯이, 처음에는 결의와 확신의 힘에 의해 당신과 마찬가지로 번영을 바라고 있는 '혼돈'에 이미지를 전달한다.

그러면 이미지가 전달됨에 따라 모든 창조력이 행동 경로를 전개하며 움직이기 시작하고 점점 당신을 향해 움직이는 것이다.

당신이 해야 할 일은 바라던 것이 이루어질 때까지의 과정을 지도하거나 관리하는 것이 아니라 이미지를 유지하며 결의를 잊지 말고 확신하고 감사하는 것이다.

다만 '확실한 방법'에 따라 행동하지 않으면, 주어진 것을 확실히 받아들이고 이미지로 연상했던 모든 것을 얻거나 그에 걸맞는 장소에 받아들일 수 없다.

현실적으로 무언가 당신에게 주어졌을 때는 다른 사람의 손을 거치게 되며 그 대가를 치러야 한다. 그것을 손에 넣기 위해서는 상대에게 대가를 치르지 않으면 안 된다.

이 책이 아무런 노력도 없이 황금으로 가득한 '운명의 여신의 보따리'로 변신할 수는 없다.

이것이야말로 '사고에는 행동이 동반되지 않으면 안 된다'는 부자가 되기 위한 법칙 중 가장 중요한 점이다.

과거, 미래가 아닌 '현재'가 중요하다

의식적이든 무의식적이든 간에 포기하지 않고 강한 바람을 지속적으로 품고 창조력을 작동시키고 있는데도 부자가 되지 못했다는 사람이 많다. 그것은 바라던 것이 주어졌음에도 불구하고 그것을 받아들일 준비가 되지 않았기 때문이다.

사고에 의해 바라던 것을 얻을 수는 있다. 하지만 스스로 활동하지 않는다면 그것을 받아들일 수 없다.

당신이 어떤 일을 했든 간에 행동을 일으키는 것은 바로 '지금'이다. 과거로 돌아가 행동하는 것이 아니므로 이미지를 확실하게 유지하기 위해서는 머릿속에서 당신의 과거를 지워버리지 않으면 안 된다.

물론 아직 오지 않은 미래의 입장에서 행동하는 것도 불가능하다. 장래 일어날 수 있는 변수에 맞추어 취해야 할 행동에 대해서도 사건이 발생하지 않은 상태에서 예측할 수는 없다.

현재의 직업과 환경이 기대에 미치지 못하더라도 직업과 환경이 갖춰질 때까지 행동을 뒤로 미루겠다고 생각해서는 안 된다. 장래의 긴급사태에 대한 최선책만을 생각하고 현재의 시간을 헛되이 보내지 않도록 하라.

만약 지금 미래에 대한 일만 생각하며 행동하고 있다면 현재의 행동은 마음의 갈등을 일으켜 효과를 볼 수 없게 된다.

지금 해야 할 일을 생각하라.

뭔가 만들어내고 싶다는 충동을 '원시 물질'에 전달했다고 해서 태평스럽게 결과만 기다리고 있어서는 안 된다.

모든 일은 절대 그렇게 쉽게 이루어지지 않는다.

지금 당장 행동을 하라. 지금을 놓치면 기회는 없다. 지금이 지나면 장래도 기회도 다시 찾아오지 않을 것이다. 바라는 것을 손에 넣기 위해서는 지금 당장 행동으로 옮겨야 한다.

물론 당신은 무슨 일을 하더라도 지금 하고 있는 일과 직장에서 활동할 수밖에 없으며, 지금의 환경 속에서 주변 사람들이나 상황에 맞춰 행동할 수밖에 없다.

당신은 지금 입장에서밖에 활동할 수 없다. 과거와 미래의 입장이 아니라 현재 당신의 입장에서만 활동할 수 있는 것이다.

어제 해야 할 일을 제대로 처리했는지에 대해서는 연연하지 말고 오늘 해야 할 일만 생각하라.

내일 해야 할 일을 지금부터 하려고 생각하지 마라. 내일이 되면 그 일을 하기 위한 시간이 충분히 주어질 것이기 때문이다.

초자연적인 방법이나 신비적인 수단으로 당신의 힘이 닿지 않는 사람 또는 상황에 연연해서는 안 된다.

환경이 바뀔 때까지 기다리다 적당한 상황에 행동하려고 해서도 안 된다. 당신이 먼저 행동해서 환경을 바꾸는 것이다.

현재의 환경에서 행동하여 보다 나은 상황을 얻을 수 있도록 노력하라.

결의와 확신을 가지고 바람직한 환경에 서 있는 당신을 연상하기 바란다. 그리고 성심성의껏 가지고 있는 힘과 지성을 모두 활용하여 지금의 환경에서 행동하기 바란다.

헛된 망상이나 환상에 빠져 시간을 보내서는 안 된다. 일상 속에서 바라는 이미지를 가슴 깊이 새기고 지금 당장 행동으로 옮겨라.

보다 나은 일을 하기 위한 방법

부자가 되기 위한 첫걸음으로 지금까지 하지 않았던 일이나 엉뚱한 행동, 기발한 행동을 해볼까 하고 이것저것 생각해서는 안 된다.

적어도 당분간은 당신에게 아무 변화도 일어나지 않을 것이다. 하지만 '확실한 방법'에 따라 지금부터 다음과 같은 일을 시작한다면 반드시 부자가 될 것이다.

혹시 지금 하고 있는 일이 자신과 맞지 않는다고 느끼더라도 마음에 드는 일을 찾을 때까지 기다렸다가 그때 가서 행동하겠다는 생각은 옳지 않다.

자신에게 맞지 않는 직장에 다닌다고 해서 의욕을 잃거나 멍하니 먼 산만 바라보며 보내서는 안 된다. 희망했던 곳과 다른 직장에 들어갔다고 해서 자신에게 맞는 직장을 찾을 수 없는 것도 아니고, 자신의 적성에 맞지 않는 일을 하고 있다고 해서 자신에게 어울리는 일이 뭔지조차 모르게 되는 일도 없다.

자신에게 맞는 일을 찾겠다는 결의와 그것이 이루어질 것이라는 확신을 가지고, 바라던 일을 하고 있는 자신의 이미지를 끊임없이 연상하라. 그리고 나서 지금 하는 일 속에서 '활동'을 하라.

현재 하고 있는 일은 앞으로 보다 나은 일을 하기 위한 수단으로 이용하는 것이다.

결의와 확신을 가지고 희망하는 일의 이미지를 지속적으로 품고 있으면 그것은 '숭고한 존재'에 전달되어 당신에게 어울리는 일을 찾을 수 있을 것이다.

그리고 당신이 '확실한 방법'에 따라 행동한다면 바라던 일에 한 걸음씩 다가갈 수 있을 것이다.

당신이 회사원이나 공장 노동자로 소망을 실현시키기 위한 전환점이 필요하다고 여긴다면, 그 바람을 허공에 '투영'시키고 새로운 일이 굴러들어오기만을 기대해서는 안 된다. 그런다고 해서 일이 잘 풀릴 리 없다.

바라던 일을 하고 있는 당신 자신의 이미지를 머릿속으로 떠올리며 결의와 확신을 가지고 지금 하고 있는 일에 '적용'시켜 보라. 그러면 반드시 바라던 일을 할 수 있게 될 것이다.

이미지와 확신을 지속적으로 품고 있음으로써 창조의 힘이 작용하여 당신에게 어울리는 일을 할 수 있게 될 것이다. 그리고 당신 자신의 행동으로 인해 창조의 힘이 작용하여 바라던 부서로 옮겨 줄 것이다.

이 장을 끝내기 전에 다시 한 번 요지를 정리해 보기로 하자.

· 만물의 근원은 사고하는 물질이다.

사고하는 물질이란 원시 상태에서 우주 공간 구석구석까지 퍼지고 침투하여 충만한 것이다.

· 사고하는 물질 속에서 만들어진 사고는 머릿속에서 연상했던 모습 그대로의 것을 형상화시켜 창출해낸다.

· 사람은 모든 사물의 형상을 생각하고 혼돈으로 전달하여 그것이 창출될 수 있게 한다.

· 그러기 위해서는 경쟁이 아닌 창조력을 발휘하여 바라는 것의 이미지를 분명하게 연상하고, 확고한 '결의'와 흔들림 없는 '확신'을 끝없이 유지하는 것이 중요하다. 그 결의를 흔드는 것과 이미지를 흐트러뜨려 확신을 뒤집어버리려는 것들은 모두 무시하라.

· 주어진 것을 확실히 받아들이기 위해서는 현재 환경 속에서 사람과 대상에 작용하지 않으면 안 된다.

8
의지력의 올바른 활용법

　과학적인 방법으로 부자가 되고자 할 때는 당신 자신이 아닌 타인의 의지력을 이용해서는 안 된다.

　당신에게는 그럴 권리가 없다.

　자신의 의지를 타인에게 강압적으로 관철시켜 마음먹은 대로 움직이게 하려는 것은 잘못된 생각이다.

　정신적 압력을 가하며 강요하는 것은 물리적 압력으로 강요하는 것과 마찬가지로 뻔뻔하고 부당한 행위이다. 남에게 강압적으로 강요하는 것은 상대를 노예처럼 부리려는 행위가 된다.

　정신적 압박을 가하며 부리는 것도 똑같이 부당한 행위이다. 단지 방법이 다를 뿐이다. 완력을 써서 남의 것을 빼앗는 것은 강탈 행위이며 정신적으로 압박해 빼앗는 것 또한 강탈 행위이다. 그 원리가 다를 뿐이다.

당신에게는 타인을 맘대로 부릴 권리가 없다.

설령 당신이 '상대를 위한 일'이라고 생각하고 했을지라도 그것이 정말 상대를 위한 일이었다고 단정지을 수는 없다.

과학적인 방법으로 부자가 되기 위해서는 어떤 방법이든 간에 남에게 압력을 가하거나 억지로 강요해서는 안 된다. 그럴 필요는 털끝만치도 없으며 누군가를 제압한다면 당신이 하고자 하는 일이 전부 수포로 돌아가 버리고 만다.

모든 대상에 대해 자신의 의지를 관철시켜 끌어당기려고 하는 것은 헛수고다. 그것은 신에게 억지를 부리는 태도이며 불경하기 짝이 없는 무의미한 자세이다.

좋은 것을 달라며 신에게 매달릴 필요는 없다. 그것은 태양을 떠오르게 하기 위해 억지로 기운을 낭비할 필요가 없는 것과 마찬가지다.

자신이 바라는 것을 들어주지 않는 신에게 의지의 힘으로 자기 뜻을 관철시키려 하거나 강하게 반항하는 상대를 굴복시키려고 하는 것도 시간 낭비다.

'물질'은 당신 편이다. 당신 이상으로 열심히 당신에게 많은 것을 줄 수 있게 되기를 바라고 있다.

부자가 되기 위해서는 자기 자신의 의지력을 움직이게 하는 것만으로도 충분하다.

무얼 생각하고 무슨 일을 해야 하는지 알고 있다면 의지력으로 자기 자신을 제어하고 그것을 실행에 옮겨라.

정도에서 벗어나지 않도록 자신을 엄격하게 관리하는 것이야말로 바라는 것을 손에 넣기 위한 의지력의 올바른 이용법이다. '확실한 방법'에 따라 사고하고 행동하기 위해 의지의 힘을 활용하는 것이다.

자신의 의지와 사고, 마음을 겉으로 드러내 사물이나 사람에게 '작용'시키려고 해서는 안 된다.

마음은 항상 자신의 내면을 향하게 하라. 다른 곳을 향하는 것보다 당신 자신의 내면에서 의지는 그 힘을 발휘할 수 있다.

지혜를 발휘해 바라는 이미지를 연상하고, 결의와 확신을 가지고 그 이미지를 유지하며, '올바른 방법'으로 지혜가 활동할 수 있도록 의지를 발동시켜라.

결의와 확신을 강하게 지속적으로 유지하는 것이야말로 부자가 되는 지름길이다. 왜냐하면, 그렇게 되면 적극적인 바람만이 전달되기 때문에 부정적인 요인이 '물질'에 전해져 이미지가 애매해지거나 힘이 약해지는 일이 결코 없는 것이다.

결의와 확신을 가지고 연상한 소망의 이미지는 '혼돈'에 흡수되어 저 멀리 우주 구석구석까지 퍼져 나간다.

이미지가 전달됨에 따라 만물이 그것을 구현시키기 위해 움직이기 시작한다. 모든 생물과 무생물, 그리고 온갖 미물들이 당신의 소망을 실현시키기 위해 꿈틀거리기 시작한다.

모든 힘이 그것을 향해 작용하기 시작하고 만물이 당신을 향해 움직이기 시작한다.

사람들의 마음이 모든 곳에서 당신의 소망을 실현시키기 위해 작용함으로써 무의식 속에서 당신에게 도움을 주게 된다.

하지만 만약 당신이 '혼돈'에 부정적인 마음을 전한다면 이 움직임은 멈추고 만다. 결의와 확신이 모든 사물의 움직임을 당신에게로 향하게 하던 것과는 반대로, 의혹과 불신은 그 움직임을 당신으로부터 멀어지게 한다.

이 원리를 깨닫지 못한 탓에 심리학을 이용하여 부자가 되려고 한 수많은 사람들이 실패를 겪고 있다.

의혹과 불안을 품을 때마다, 고민으로 시간을 낭비할 때마다, 불신에 휩싸일 때마다 '지적 물질'의 지배하에 있는 우주의 흐름은 당신에게서 멀어져 간다.

미래의 모든 전망은 믿는 자들을 위한 것이며 믿는 자에게만 열린다. 예수가 믿음을 반복적으로 설교했다는 것을 떠올려 보라. 지금 당신이라면 그 이유를 깨달을 수 있을 것이다.

믿는 마음은 무엇보다 중요하다. 그러므로 당신은 자신의 생각을 굳건히 지키도록 하라. 사고와 관찰로 확신을 견고하게 하는 것에 주의력을 집중시켜라.

그러기 위해서는 의지의 힘을 활용해야 한다.

무엇에 주의를 기울여야 할지를 결정하는 것은 다름아닌 바로 당신 자신의 의지력이다.

빈곤을 근절하기 위한 첫걸음

부자가 되고 싶다면 가난에 대해 자세히 설명할 필요는 없다.

바람직하지 않은 것을 생각해서는 좋은 상황을 불러들일 수 없기 때문이다. 질병에 대해 조사하거나 생각해서는 건강해질 수 없다. 범죄에 대해 조사하거나 생각하면 정의로운 마음을 품지 못한다.

그와 마찬가지로 가난에 대해 조사하거나 생각하면 부자가 될 수 없는 것이다.

과학의 발전으로 인해 의학은 오히려 병을 늘리고 말았다. 범죄에 대한 이해를 높이려다 종교는 죄를 늘리고 말았다. 가난만 연구하다 보면 세상은 가난으로 비참하고 궁핍해질 것이다.

가난을 화제거리로 삼거나 연구하고 관심을 갖는 일은 삼가라. 가난의 원인이 무엇이든 간에 신경 쓰지 않도록 하라. 당신과는 관계없는 일이다.

당신이 해야 할 일은 그 치료 방법이다.

자선사업과 자선활동에 시간을 허비해서는 안 된다. 자선활동은 근절해야 할 궁핍 상태를 끊임없이 존속시키고 있다.

냉혹하고 동정심이 없는 사람이 되거나, 곤란을 당한 사람의 외침을 외면하라는 것은 아니다. 지금까지의 방식으로 가난을 근절시키려고 노력해서는 안 된다는 말이다.

가난이나 그와 관련된 모든 요소를 잊고 일단 부자가 되자.

그것이 가난한 사람들을 돕는 가장 좋은 방법이다.

당연한 말이지만, 머릿속이 가난이라는 이미지로 가득 차 있다면 부자가 되기 위한 이미지를 연상하기는 불가능하다.

가난으로 궁핍한 삶이나 아동의 노동력 착취 등의 실태에 대해 쓰거나, 그와 관련된 책 또는 신문은 읽지 말자. 물자 부족으로 고통받는 부정적 이미지로 머릿속을 가득 차게 하는 것은 읽지 말자.

그런 상황을 안다고 해도 그들을 도울 수 없고, 모든 상황을 다 파악하고 있다고 해서 가난을 없앨 수도 없다.

가난을 없애기 위해서는 당신이 그 이미지를 품는 것이 아니라 불쌍한 사람들에게 풍요로운 생활의 이미지를 품도록 만드는 것이 더 중요하다.

궁핍한 생활에 대해 자세히 모르고 있다고 해서 가난으로 고통받는 사람들을 모른 척하는 것은 아니다.

가난을 없애기 위해서는 그들을 걱정하는 부유층이 늘어나야 하는 게 아니라 가난으로부터 반드시 벗어나겠다고 결심하는 사람의 수가 늘어나는 것이 중요하다.

가난한 사람들에게 필요한 것은 동냥이 아니라 격려이다. 자선사업으로 가능한 것은 고작해야 궁핍한 생활을 그대로 유지하며 삶을 연장시켜 주는 빵을 주거나 한두 시간의 오락으로 현실을 잊게 해 주는 것뿐이다.

하지만 '격려'는 고통스런 생활에서 탈출할 수 있도록 해준다. 가난한 사람을 돕고 싶다면, 먼저 당신이 부자가 되어서 그들도 부자가 될 수 있다는 것을 증명해 주어라.

가난을 이 세상에서 없애는 방법은 이 책의 내용을 실천하는 사람이 많아지고 점점 더 늘어나는 것 외에는 없다.

세상 사람들에게 경쟁이 아니라 '창조력'을 발휘하게 함으로써 부자가 될 수 있다는 것을 일깨워 줘야 한다.

경쟁에서 이기고 부자가 된 사람들은 모두 자신만 사다리를 기어오른 뒤 사다리를 떨어뜨려 아무도 기어오르지 못하게 한다. 하지만 창조력을 발휘해 부자가 된 사람은 모두 수많은 사람들을 위해 길을 터주고 그 사람들이 자신의 뒤를 따르도록 격려해 준다.

가난한 사람들을 동정하거나, 그 상태를 목격하거나, 가난에 대한 책을 읽거나, 생각하고 말하거나, 그들의 얘기에 귀 기울이지 않는다고 해서 냉혹하고 무정한 태도를 보이고 있다고 말할 수는 없다.

의지의 힘을 이용하여 가난을 머릿속에서 완전히 지워 버리고, 결의와 확신을 가지고 자신이 바라는 이미지에 '집중'하도록 하라.

9
의지력을 보다 잘 활용하는 방법

풍요로운 생활을 명확하게 연상하고 있다 하더라도 현실적으로 나 상상 속에서 그와 정반대 것에만 주의를 기울인다면 그 이미지를 지속적으로 유지할 수 없다.

과거에 당신이 경험했던 금전상의 문제를 화제거리로 삼아서는 안 된다. 과거에 그런 문제가 있었을지라도 절대로 생각해서는 안 된다. 당신의 부모가 가난했던 것도, 과거의 고통스러웠던 생활에 대해서도 말해서는 안 된다.

그런 것들을 조금이라도 이야깃거리로 삼는다면 한동안 당신 스스로 금전적 곤란을 겪고 있는 사람이라고 느끼게 될 것이다. 그러면 겨우 당신을 향해 꿈틀대기 시작한 움직임을 멈추게 하고 만다.

"죽은 자로서 죽은 자들을 장사지내게 하라."('루가복음' 9장 60

절)고 예수는 말했다.

가난과 그와 관련된 모든 것을 버려라.

당신은 하나의 확실한 우주론을 틀림없는 것으로 받아들여, 그것이 옳다고 믿고 행복에 대한 소망을 맡기고 있는 것이다. 서로 상반된 이론에 주의를 기울여서 과연 무엇을 얻을 수 있단 말인가?

세상의 종말이 다가왔다는 책을 읽어서는 안 된다. 세상이 악마의 손아귀에 들어가고 있다고 하는 삼류작가나 비관주의자들이 쓴 글을 읽어서는 안 된다.

세상은 악마를 향하고 있는 것이 아니라 신을 향해 나아가고 있는 것이다.

세상은 훌륭한 '생성 과정 중'에 있다.

분명 현실적으로는 흉측한 일들도 있을 것이다. 하지만 그것들이 확실히 과거사가 되려고 하고 있을 때, 더욱이 그것을 알면 알수록 과거 속에 묻히지 않고 당신과 가까워지려고 하는데도 불구하고 보기 흉한 것에 눈길을 돌린다면 과연 무슨 의미가 있겠는가?

마음만 먹으면 진화를 촉진시켜 빠른 시간 내에 제거할 수 있는데도 진화 과정에서 도태된 것을 굳이 시간을 허비해 가며 생각해낼 필요는 없을 것이다.

어느 나라나 지역이나 장소에서 일어난 참상을 접했다 하더라도 그것을 지속적으로 생각하는 것은 시간 낭비이며 기회를 잃어버리는 것이다.

세상이 풍요로워지고 있다는 것에만 흥미를 집중시키면 된다.

세상에서 벌어지고 있는 가난 대신에 세상이 향하고 있는 풍요로운 세계를 생각하라. 세상이 풍요로워지기 위해서는 경쟁이 아니라 창조력을 발휘함으로써 당신 자신이 부자가 되는 수밖에 없다. 이 점을 가슴속 깊이 새겨두길 바란다.

풍요만이 존재한다

가난은 잊어버리고 끝없이 풍요로운 것에만 주의를 기울여라.

가난한 사람들에 대해 생각하거나 이야기할 때는 그들이 불쌍한 사람들이 아니라 곧 부자가 될 사람들이라고 생각해라. 그러면 상대방이나 그 밖의 사람들도 이 말에 격려받아 가난에서 벗어날 방법을 찾기 시작할 것이다.

풍요로운 생활에 충분한 시간과 마음, 사고를 기울인다고 해서 경멸스럽고 이기적인 인간이 되는 것은 아니다.

현실적으로 부자가 된다는 것은 모든 가능성의 축복을 받는 것이며 무엇보다도 고귀한 인생의 목표이다.

경쟁심을 버리지 않는 한 부자가 되기 위한 경쟁은 타인에 대한 지배권을 둘러싼 죄 많은 쟁탈전을 의미한다.

하지만 스스로 뭔가를 만들어내겠다는 마음을 먹으면 상황은 순식간에 바뀐다.

기품과 마음의 성장, 봉사와 고귀한 활동을 통해 생각할 수 있는 모든 것이 부자가 됨으로써 이루어진다. 부자가 되는 과정에서 온갖 것들을 활용함으로써 그것들이 이루어지는 것이다.

만약 당신의 건강이 좋지 않다면, 건강은 부자가 될 수 있을지 없을지와 관련있다고 생각해야 할 것이다.

금전적 고민이 없고 편안하게 살 수 있는 재력을 가진 사람만이 위생관리를 통해 건강을 유지할 수 있다.

도덕적·정신적으로 성장하는 일은 생존경쟁과 관계없는 사람에게만 가능하며, 창조적인 사고에 의해 부자가 된 사람만이 경쟁으로 인한 나쁜 영향을 받지 않는다.

만약 가정의 행복을 바란다면, 사랑이란 교양과 높은 식견, 부정적 힘의 영향을 받지 않는 건강한 환경으로 채워진다는 것을 잊어서는 안 된다.

이것들은 모두 갈등과 경쟁이 없는 곳에서 창조적인 사고를 발휘하여 부자가 된 결과로서 얻어지는 것이다.

다시 한 번 말하지만 부자가 되는 것만큼 숭고하고 고귀한 목표는 없다. 풍요로운 생활의 이미지에만 주의를 집중시키고 그 힘을 약하게 하는 요소는 모두 배재해 버려라.

만물에 감춰진 '진실'이 보이도록 하지 않으면 안 된다. 눈에 보이는 모든 악한 것들 속에서 '위대한 단 하나의 생명'이 스스로의 발견과 한발 더 발전된 행복을 성취시키기 위해 끊임없이 움직이고 있다는 것을 이해할 수 있도록 하라.

"빈곤은 존재하지 않는다. 풍요만이 존재할 뿐이다."

이것이 진리이다.

이론이 아니라 실천을 중시하라

부자가 되지 못한 사람이 있는 것은 그들이 모든 축복을 받고 있다는 것을 깨닫지 못했기 때문이다. 그것을 일깨워주기 위해서는 당신 자신이 실천하여 부자가 되는 방법을 제시해 주어야 한다.

지금의 환경에서 벗어날 수 있는 방법이 있다는 것을 알면서도 부자가 될 수 없다고 말하는 사람도 있다. 방법과 행동을 발견하는 데 필요한 사고를 게을리하고 지성을 작동시키지 못한 사람들이다. 그 사람들에게 희망을 품게 하려면 당신 자신이 실제로 부자가 되어 행복해진 모습을 보여주는 것이 최선의 방법이다.

부자가 되지 못하는 사람은 그 밖에도 많다.

다소 과학적인 방법은 생각해 봤지만 철학사상과 신비사상(심령술, 점성술, 연금술 등을 가리키는 경우가 많다)에 압도당하여 그 속에서 방황하며 어디로 가야 할지 모르는 사람들이다. 여러 가지 방법으로 시도해 보고 모두 다 실패하는 사람들이다. 이 사람들에게도 역시 당신이 실천해서 성공한 모습을 보여주는 것이 최상의 방법이다.

이론보다 실천이 중요하다.

이 세상에 공헌하기 위해서는 당신 자신이 최대한 성공하는 것이 최고의 방법인 것이다. 당신 자신이 부자가 되는 것 이외에 신과 사람들에게 봉사할 수 있는 방법은 없다. 타인과 경쟁하는 것이 아니라 창조력을 작동시켜 풍요로워지는 것이다.

하나만 더 덧붙이기로 하자.

이 책에는 부자가 되기 위한 방법이 자세히 설명되어 있는데, 그 내용이 진실인 이상 부자가 되기 위해 다른 책을 읽을 필요는 없다.

편협한 억지 주장으로 들릴지도 모르지만 잘 생각해 보기 바란다. 두 점 사이의 최단 거리는 하나밖에 없다. 과학적인 사고 방법으로 아무리 생각해 봐도 이 외에는 없으며, 그것은 다시 말해 목적지까지 쭉 뻗은 지름길을 따라 생각하고 행동하는 것이다.

이 책에서 다룬 것처럼 간단명료한 '방법'을 제시한 사람은 아무도 없다. 여기에 적힌 내용은 불필요한 것을 전부 지워버린 '본질' 그 자체다. 만약 당신이 이 방법을 쓰기로 마음먹었다면 다른 방법은 전부 잊어버리고 머릿속에서 깨끗이 지워버려라.

이 책을 손에서 떼지 말고 매일 읽고 외워서 다른 방법이나 이론에 눈길을 돌리지 않도록 하라. 한눈을 팔면 당신은 의심을 품게 되고, 점점 불안과 동요를 경험하다가 결국은 실패로 이어지게 될 것이다.

당신의 노력이 결실을 맺고 부자가 된 다음에는 마음껏 다른 방법을 연구해도 좋다. 그러나 바라던 것을 손에 넣었다고 확신할 수 있을 때까지는, 머리말에서 소개한 사상가들은 별개지만 이 책의 방법 이외의 것에는 절대로 눈길을 돌리지 않도록 하라.

세상에서 일어나는 모든 사건 중에 자신이 바라는 이미지에 걸맞고 낙관적인 기사만 읽도록 하라.

초자연적인 존재와 법칙을 연구하고 싶다면 일단 뒤로 미뤄라. 신지학*, 스피리추얼리즘** 등의 영역에는 눈길을 돌려서는 안 된다. 어쩌면 죽은 사람들은 지금도 살아 있거나 그에 가까운 상태일지도 모르지만, 그렇다고 해도 그런 것들에 대해서는 일단 잊어버리고 자신이 해야 할 일에만 집중하기 바란다.

영혼이 어딜 어떻게 떠다니든 간에 죽은 자에게는 죽은 자들이 해야 할 일과 해결해야 할 문제가 있다. 이승의 인간들에게 그것을 방해할 권리는 없다. 우리가 죽은 사람에게 손을 뻗는 것은 불가능한 일이며, 죽은 사람에게 도움을 받는 것이 가능한 일인지도 알 수 없다.

우리에게는 죽은 자들에게만 허락된 시간 속에 끼어들 권리가 없다. 죽은 사람과 미래의 인간에게 의지하지 말고 당신 자신의 힘으

* 신지학(神智學)‥‥‥‥ 보통의 신앙이나 추론으로는 알 수 없는 신의 심오한 본질 또는 행위에 관한 지식을 신비적인 체험이나 특별한 계시에 의하여 알게 되는 철학적·종교적 지혜 및 지식.

** 스피리추얼리즘(spiritualism)‥‥‥‥ 심령주의. 인간과 교신 가능한 영혼의 존속에 대한 과학적 증거가 존재한다고 믿는 것.

로 문제를 해결하고 부자가 되면 된다.

초자연적인 것과 관계를 맺으면 역류에 휩쓸려 모든 희망이 바다 속으로 잠기고 말 것이다. 이제 여기서 지금까지 설명한 기본적인 사실을 잠시 정리해 보기로 하자.

- 만물의 근원은 사고하는 물질이다.
  사고하는 물질이란 원시 상태에서 우주 공간 구석구석까지 퍼지고 침투하여 충만한 것이다.
- 사고하는 물질 속에서 만들어진 사고는 머릿속에서 연상했던 모습 그대로의 것을 형상화시켜 창출해낸다.
- 사람은 모든 사물의 형상을 생각하고 혼돈으로 전달하여 그것이 창출될 수 있게 한다.
- 그러기 위해서는 경쟁이 아닌 창조력을 발휘하여 바라는 것의 이미지를 분명하게 연상하고, 확고한 '결의'와 흔들림 없는 '확신'을 끝없이 유지하는 것이 중요하다. 그 결의를 흔드는 것과 이미지를 흐트러뜨려 확신을 뒤집어버리려는 것들은 모두 무시하라.

그럼 이제부터는 위 내용에 덧붙여 '확실한 방법'에 따라 생활을 하며 행동하는 것에 대해 이야기해 보자.

10
성공한 나날을 만들어주는 행동

앞 장까지의 지시에 따라 사고를 작동시켜 현재 위치에서 할 수 있는 일부터 시작해 할 수 있는 '모든' 일을 하기 바란다.

지금 하고 있는 일에 만족할 수 없을 때 비로소 당신은 전진할 수 있다. 만족하지 못한다는 것은 그 일에 관련된 작업을 완벽하게 처리할 수 있게 되었기 때문이다.

세상은 현재 하는 일에 만족하지 못하는 사람들 덕분에 발전하게 된 것이다.

주어진 일을 처리해 주는 사람들이 없다면 모든 것이 퇴보하게 된다. 지금 하는 일에서 충분히 그 임무를 다 하지 못하는 사람은 사회적으로나 정치적으로, 상업적으로나 산업적인 면에서도 아무런 가치를 창출해내지 못하는 사람들이다.

그런 사람들은 타인으로부터 큰 기대와 응원이 필요하다. 임무를 완성시키지 못한 사람이 있다는 것만으로 세상의 진보는 느려진다.

그들은 과거의 유물이라 할 수 있는 사람들로 활력과 의지가 낮을 뿐더러 퇴화하고 있는 사람들이다. 주어진 일을 충분히 해낼 수 없는 사람들만 있다면 사회는 발전할 수 없다. 사회의 발전은 물질과 정신의 발달과 함께 가능한 것이다.

동물의 세계에서 진화는 신체 기능의 발달에 의해 일어난다.

특정 생물이 본래 기능에는 없던 특수한 활동을 하게 되면 그 생물은 보다 차원 높은 기관을 발달시켜 새로운 종을 탄생시킨다.

만약 본래 기능 이상의 능력을 갖춘 생물이 없다면 그 어떤 새로운 종의 탄생도 불가능했을 것이다. 당신에게도 이와 같은 법칙이 똑같이 적용된다. 부자가 될 수 있을지는 이 법칙을 당신 자신이 하는 일에 적용시킬 수 있는가에 달렸다.

하루하루가 성공 아니면 실패이다. 바라는 것을 이룰 수 있다면 성공한 날들이다. 매일매일 실패의 연속이라면 부자가 될 수 없지만, 매일매일 성공한다면 틀림없이 부자가 될 수 있다.

오늘 꼭 해야 할 일을 하지 않았다면 그 일은 당신에게 있어 실패다. 그로 인해 상상 이상의 비참한 결과가 초래되는 경우도 있을 것이다.

사소한 행동이라도 그 결과를 완전히 예측하는 것은 불가능하다. 하물며 당신을 위해 작용하고 있는 힘의 움직임을 전부 다 파악하는 일은 불가능하다.

별 생각 없이 한 행동이 결정적 의미를 갖게 되어 결국 기회의 문을 활짝 열고 커다란 가능성을 가져다줄지도 모른다.

'숭고한 지성'의 의도에 의해 준비된 기회를 깨닫지 못하거나 행하지 못해 바라던 것을 오랫동안 손에 넣지 못하는 경우도 생길 것이다.

효율이 성패를 좌우한다

하루하루 그날 할 수 있는 일은 '모두' 그날에 끝내라.

단, 그것에는 한계, 혹은 제한이 있다는 것에 주의하기 바란다.

과로하거나 가능한 짧은 시간에 최대한 많은 일을 처리하려고 서둘러서는 안 된다. 내일 할 일을 오늘 하거나 일주일분의 일을 하루에 끝내려고 생각해서는 안 된다.

얼마나 많은 일을 했는지가 중요한 것이 아니라 일에 대한 '효율'이 문제인 것이다.

모든 행동은 그것 자체가 성공이나 실패 중 하나이다.

모든 행동은 그것 자체가 효율적인가 비효율적인가 중 하나이다.

비효율적인 행동은 모두 실패할 것이고, 그 실패가 계속 반복된다면 당신의 인생은 결국 실패로 끝나고 말 것이다.

비효율적인 행동만 하면 할수록 나쁜 결과를 초래한다.

그 반대로 효율적인 행동은 그 자체가 성공이며, 모든 행동이 다 효율적이라면 당신은 반드시 성공한 인생을 살게 될 것이다.

비효율적인 방법으로 수많은 일을 하고 효율적인 방법은 거의 쓰지 않는다면 실패하게 된다.

비효율적인 행동은 절대 하지 않고 효율적인 행동만을 충분히 한다면 당연히 부자가 될 수 있다. 만약 지금 당신이 모든 행동의 효율을 올린다면, 부자가 되는 방법이란 요컨대 수학과 마찬가지로 객관적이고 명확한 과학적 지식이라는 사실을 깨닫게 될 것이다.

이것은 다시 말해 당신이 모든 행동 하나하나를 그 자체만으로 성공시킬 수 있는가 없는가 하는 문제이다.

물론 이것은 당신에게 분명히 가능한 일이다.

'완전한 힘'의 협력을 받을 수 있는 이상 당신의 행동은 성공으로 이어질 것이다. 왜냐하면 '완전한 힘'에 실패란 없기 때문이다.

'힘'은 당신을 도와 각각의 행동 효율을 높이도록 해준다. 당신은 당신의 활동에 그 '힘'을 쏟기만 하면 된다.

각각의 활동은 활력이 넘치거나 활력이 없거나 둘 중에 하나이다. 당신이 하는 일이 모두 활력으로 가득 차 있다면, 그것은 당신이 '확실한 방법'에 따라 활동하고 있으며 반드시 부자가 될 수 있다는 것을 의미한다.

이미지를 지속적으로 유지하여 '결의'와 '확신'을 품으면 활력 넘치고 효율적이며 바람직한 활동이 가능해지는 것이다.

실은 이것이야말로 사고와 행동을 별개로 생각하는 수많은 사람들이 간과하고 있는 점이다. 그들은 특정 시간과 장소에서 사고하고, 또한 전혀 다른 시간과 장소에서 행동하는 사람들이다.

때문에 그들의 행동은 그 자체로 잘 풀리지 않고 대부분은 아무런 효과를 얻을 수 없다. 하지만 하나하나의 활동에 '완전한 힘'을 쏟아 붓는다면 아무리 사소한 활동이라도 그것 자체가 좋은 결과를 불러오게 된다.

하나의 성공이 또 다른 성공을 불러들인다

이것은 모든 일의 본질로, 뭔가가 잘 풀리면 반드시 다른 일도 잘 풀리게 되어 있다. 당신이 바라는 것에 다가가는 속도도, 바라는 것이 당신에게 다가오는 속도도 점점 더 빨라질 것이다.

성공하는 행동이란 하나하나 누적된 것들이 결과로써 나타나는 것이라는 점을 잊어서는 안 된다.

번영을 바라는 마음은 만물에 내재된 것이므로, 어떤 사람이 활력 넘치는 인생을 향해 움직이기 시작한다면 훨씬 더 많은 것들이 그 사람을 향해 흘러들게 되고, 그 결과 그 사람의 소망에 따라 더 많은 기운을 불러들일 수 있게 된다.

하루하루 그날 할 수 있는 일은 모두 그날에, 그리고 효율적으로 처리할 수 있도록 하라.

활동할 때마다 이미지를 지속적으로 유지한다는 것은 처음부터 끝까지 그 이미지를 깨뜨리지 않고 섬세하게 뇌리에 떠올린다는 의미가 아니다. 창조력을 작동시켜 이미지의 섬세한 부분을 결정하고 가슴에 새긴 다음 잊지 않도록 하는 것은 시간이 남았을 때 하면 된다.

만약 훌륭한 결과를 얻고 싶다면 가능한 모든 여유시간을 이 작업에 쏟아 부어라.

끝없이 생각을 펼쳐나가면 바라던 이미지를 연상할 수 있게 될 것이다. 그 이미지의 섬세한 부분까지 파고들어가 뇌리에 새기고 그것을 그대로 '혼돈'에 전달하라.

일에 몰두하고 있을 때는 그 이미지를 불러내기만 해도 결의와 확신을 떠올릴 수 있어 최선의 노력이 가능해질 것이다.

자유 시간에는 그 이미지를 의식에 침투시켜 언제라도 떠올릴 수 있게 해야 한다. 이미지를 떠올리는 것만으로 당신에게는 강한 에너지가 흘러넘쳐 희망으로 가득차게 될 것이다.

여기서 다시 한 번 요지를 정리해 보기로 하자.

마지막 법칙에 대해서는 약간 변경하여 이 장에서 얻을 수 있는 중요한 점을 덧붙이겠다.

· 만물의 근원은 사고하는 물질이다.

사고하는 물질이란 원시 상태에서 우주 공간 구석구석까지 퍼지고 침투하여 충만한 것이다.

· 사고하는 물질 속에서 만들어진 사고는 머릿속에서 연상했던 모습 그대로의 것을 형상화시켜 창출해낸다.

· 사람은 모든 사물의 형상을 생각하고 혼돈으로 전달하여 그것이 창출될 수 있게 한다.

· 그러기 위해서는 경쟁이 아닌 창조력을 발휘하여 바라는 것의 이미지를 분명하게 연상하고, 확고한 '결의'와 흔들림 없는 '확신'을 끝없이 유지하며, 매일매일 그날 할 수 있는 일은 모두 그날 안에 효율적으로 처리할 수 있도록 하지 않으면 안 된다.

11
최적의 일을 찾아라

어떤 직업이든 성공은 그 일을 처리할 만한 능력이 충분히 개발
되어 있는가에 달려 있다.

충분한 음악적 재능이 없다면 좋은 음악 선생이 될 수 없고, 기계
를 다룰 수 없다면 기계를 판매하는 일에서 큰 성공을 거둘 수 없
다. 임기응변이 뛰어나 영업 능력이 있지 않은 이상 장사를 하더라
도 잘 되지 않을 것이다.

다만 바라던 직업과 필요한 능력을 충분히 갖추고 있다고 해서
반드시 부자가 될 수 있다고 단정할 수는 없다.

훌륭한 재능을 가지고 있으면서도 금전적으로 곤란을 겪고 있는
음악가는 아주 많다. 대장장이든 목수든 그 밖의 모든 직업에서도
뛰어난 기술을 가지고 있지만 부자가 되지 못한 사람은 얼마든지

있다. 물건을 사고파는 일은 잘 하지만 회사 경영은 잘 되지 않는다는 사람도 있다.

차이를 드러나게 하는 능력은 도구이다. 좋은 도구를 갖는 것은 물론이고 '올바른 방법'으로 사용하는 것도 매우 중요하다. 아름다운 가구를 만들기 위해서는 날이 잘 선 톱과 자, 손질이 잘 된 대패 등의 도구가 필요하다.

어떤 장인이 만든 가구를 다른 장인이 복제하려고 해도 잘 될 거라는 보장은 없다. 그 장인은 좋은 도구를 가지고 있더라도 도구 사용이 서투르기 때문이다.

당신의 머릿속에 있는 온갖 능력은 '도구'이므로 부자가 되기 위해서는 그것을 이용하여 일하지 않으면 안 된다. 당신에게 갖춰진 지적 도구를 살릴 수 있는 일을 한다면 틀림없이 잘 풀릴 것이다.

일반적으로 장점을 잘 살릴 수 있는 일, 선천적으로 '최적'의 일이 좋은 결과로 이어진다고 말한다. 하지만 누구나 다 그런 것은 아니다. 누구나 자신의 직업을 선천적 성질에 의해 결정된 것이라고 생각해서는 안 된다.

당신은 무슨 일을 하더라도 부자가 될 수 있다. 혹시 그 직업에 어울리는 재능이 없다면 일을 하면서 몸에 익히면 그만이다.

선천적으로 가지고 태어난 도구만 사용해야 한다고 단정지을 필요는 없다. 이미 충분한 재능을 갖추고 있는 분야에서 성공하는 것이 간단하겠지만 어떤 직업이라도 성공은 가능하다.

왜냐하면 아무리 미숙한 재능이라도 발전할 가능성이 있으며, 그 어떤 재능이라도 시작은 있는 법이기 때문이다.

최적의 일을 한다면 힘들게 노력하지 않더라도 부자가 될 수 있다. 물론 하고 싶은 일을 할 경우에도 충분히 부자가 될 수 있을 것이다.

하고 싶은 일을 해보는 것이 인생이다. 마음이 내키지 않는 일만 하고 하고 싶은 일은 할 수 없다면, 결코 마음에서 우러나는 삶의 기쁨을 느낄 수 없다.

당신이 하고 싶어 하는 일이라면 반드시 할 수 있다.

하고 싶다는 마음은 그것이 가능하다는 증거이다.

바람이 강하면 능력도 높이 발휘된다

바람이란 가지고 있는 힘의 표출이다.

음악을 연주하고 싶다는 바람은 음을 연주하는 힘이 밖으로 표출되어 활동하고 싶어 한다는 증거다. 기계장치를 발명하고 싶다는 바람은 기계적인 재능이 표출되어 발휘하고 싶어 한다는 증거다.

능숙하든 미숙하든 간에 능력이 없으면 뭔가 하고 싶다는 바람은 생기지 않는다. 특정한 일을 하고 싶다는 강렬한 마음은 그 능력이 높다는 증거다. 다만, '올바른 방법'으로 키우고 전념할 수 있도록 해주면 된다.

특별히 바라는 일이 없다면 재능을 살릴 수 있는 일을 선택하는 것이 최상일 것이다. 하지만 특정 직종에 취업하고 싶다는 바람이 강하면 그 일을 궁극적 목표로 삼아야 할 것이다.

하고 싶은 일이라면 할 수 있다. 자신에게 가장 잘 맞고 즐거운 일과 직업을 선택하는 것은 당신의 당연한 권리이며 특권이다.

좋아하지 않는 일을 억지로 할 의무는 없다. 하고 싶은 일을 하기 위한 수단 이외에 싫어하는 일을 억지로 해서는 안 된다.

과거의 잘못된 선택때문에 당신이 바라지 않는 일과 환경에 몸담고 있다 하더라도 당분간은 맘에 들지 않는 일을 계속 하지 않으면 안 된다. 지금 하는 일은 자신이 하고 싶은 일을 가능하게 해주는 수단이라고 생각하고 가능한 한 즐겁게 일하도록 하라.

지금 하는 일이 자신과 맞지 않는다고 생각될지라도 서둘러 다른 일을 찾지 않는 것이 좋다. 일과 환경을 바꾸기 위해서는 원칙적으로 당신 자신이 성장하는 것이 가장 좋은 방법이다.

기회가 찾아왔을 때는 잘 생각해봐야 한다. 그것이 둘도 없는 기회라면 아마도 급진적인 전환을 꾀할 필요가 있을 것이다. 하지만 자신이 없다면 행동으로 옮기는 것은 자제해야 한다.

초조함은 금물

실제로 창조력을 발휘하고 있다면 서두를 필요는 전혀 없다. 기회는 얼마든지 있기 때문이다.

경쟁심을 버리고 나면 성급하게 행동할 필요가 없다는 것을 깨닫게 될 것이다. 당신이 바라는 것을 빼앗으려 하는 사람은 어디에도 없다. 그것은 다시 말해 모든 사람이 충분한 혜택을 누리고 있기 때문이다. 특정 장소를 누군가가 빼앗아 가거나 언젠가 보다 더 나은 다른 장소가 당신에게 제공될 것이다.

시간은 충분히 있다. 고민하고 있다면 기다려라. 다시 한 번 당신이 연상한 이미지를 분명하게 떠올려보기 바란다. 결의와 확신을 굳게 다져 어떤 때라도 ― 불안과 우유부단한 마음으로 가득 차 있을 때도 ― 감사의 마음을 잊어서는 안 된다.

하루나 이틀 정도 시간을 두고 바라던 이미지를 연상해 보라. 그리고 얼마 안 있어 그것이 실현될 것이라고 마음속으로 감사하면서 상상해 보라. 그러면 당신의 마음과 '숭고한 자'가 튼튼하게 이어져 확실한 활동을 할 수 있게 될 것이다.

전지전능한 마음은 모르는 것이 없다. 인생을 충실하게 해줄 결의와 확신이 있다면, 그리고 깊은 감사의 마음이 있다면 당신은 그 마음과 연결될 수 있다.

어긋나는 일이 생기는 원인은 성급하게 행동하거나, 두려움과 불안을 품거나, 만물에 활력을 불어넣어주는 '올바른 목적'을 잊고 있기 때문이다.

'확실한 방법'을 따른다면 기회는 몇 번이고, 얼마든지 찾아온다.

당신은 결의와 확신을 굳게 지키며 경건하고 감사하는 마음으로 '완전한 마음'과 당신 자신의 마음을 소통시키도록 하라.

매일 할 수 있는 일은 모두 완벽하게, 그러나 서두르거나 고민하며 불안을 느끼지 말고 처리하기 바란다. 가능한 한 빠르게 행동하라. 다만, 결코 서둘러서는 안 된다.

서두르는 순간 당신은 창조가 아니라 '경쟁'에 빠지게 될 것이다. 또다시 이전 상태로 돌아가 버리는 것이다.

자신이 서두르고 있다고 느꼈다면, 정지 명령을 내리고 바라던 이미지를 다시 한 번 떠올려 보라. 그리고 그 이미지에 다가가고 있다는 것을 감사하라.

'감사'는 틀림없이 당신의 확신을 굳건히 해주고 결의를 새롭게 다져줄 것이다.

12
사람을 끌어당기는 강한 힘

　직업을 바꿀지 말지와는 별개로 당장은 지금 하는 일에 필요한 모든 노력을 다 하지 않으면 안 된다.

　원하는 일을 하고 싶다면, 이미 인정받은 능력을 적극적으로 활용하여 '확실한 방법'에 따라 먼저 지금 하고 있는 일들을 하나하나 해결하는 데서부터 시작하길 바란다. 이 때도 반드시 상대가 '번영의 느낌'을 받도록 하는 것이 비결이다.

　번영은 모든 사람이 추구하는 것으로, 인간 내부에 있는 '무형의 지(知)'가 밖으로 표출되려고 하는 강한 힘의 표현이다.

　번영을 갈망하는 것은 자연의 모든 것에 존재하는 우주의 본질적인 충동이다.

　인간의 모든 활동 내면에는 번영에 대한 갈망이 있으며 풍부한 식량, 많은 의복, 보다 나은 주택, 호화로운 가구, 세련된 아름다움, 깊은 지식, 더 큰 기쁨 등 사람들은 더욱 더 풍요로운 것, 활력을 높여주는 것을 바라고 있다.

모든 생물체는 이처럼 지속적인 성장을 계속할 필요가 있으며 성장이 멈추는 순간 죽음을 맞이하게 된다.

인간은 본능적으로 이 점을 알고 있기 때문에 보다 더 많은 것을 끊임없이 추구하고 있는 것이다.

끝없이 번영을 한다는 이 법칙에 대하여 예수는 재능을 예로 들어 이렇게 언급하였다.

"있는 자는 받을 것이고, 없는 자는 있는 줄로 아는 것까지도 빼앗길 것이다."('루가복음' 8장 18절)

관련된 모든 사람에게 번영을 가져다준다

'부자가 되고 싶다'고 하는 바람은 누구나 자연스럽게 가슴속에 품는 것으로 사악한 것도 비난받을 일도 아니다. 모든 물질적 혜택을 누리는 생활에 대한 갈망이며 동경이다.

부자가 되고자 하는 갈망은 모든 사람에게 강한 본능으로 내재되어 있기 때문에 인간은 풍요로운 삶을 제공해 주는 상대에게 매력을 느끼게 된다.

지금까지 말한 '확실한 방법'을 따르기만 한다면 당신은 끊임없이 번영할 것이며, 당신과 관련된 모든 사람들에게도 번영을 가져다줄 것이다.

당신은 창조력의 근원, 다시 말해 만물의 성장을 촉진시키는 원천이다. 이 점에 확신을 가지고 남성이든, 여성이든, 아이들이든 간에 당신과 관련된 모든 사람에게 이것에 대한 확신을 심어 줘라.

성공을 자만하거나 과시해서는 안 된다. 불필요한 수다도 안 된다. 마음속으로 확신하고 있다면 우쭐댈 필요가 없다.

자만하는 사람들은 대부분 실제로는 마음속으로 불안을 느끼고 있다. 당신은 끝없이 확신하고 모든 거래를 할 때마다 행동과 목소리, 표정으로 부자가 되고 있다는 것과 이미 부자가 되었다는 것을 은연중에 분명하게 겉으로 드러내라.

이런 감정을 전하기 위해 말은 필요 없다. 당신을 보기만 해도 상대는 번영을 느끼고 당신에게 끌리게 될 것이다.

당신과 만남으로써 자기 자신도 번영을 누릴 수 있다는 것을 느낄 수 있게 하라. 그것이 상품의 원래 가치 이상의 이용 가치를 상대에게 전달하는 것이다.

진지한 자부심을 가지고 행동하여 모든 사람에게 가치를 부여해 줘라. 그러면 많은 사람들이 당신을 찾게 될 것이다.

사람들은 번영을 가져다주는 쪽을 향할 것이며, 만물의 번영을 바라는 전지전능한 신은 당신을 몰랐던 사람들을 당신에게 보내줄 것이다.

당신이 하는 일은 급속도로 발전하여 예상하지 못할 만큼 엄청난 이익을 가져다줄 것이다. 당신은 매일 매출을 늘려 이익을 증대시켜갈 것이고, 당신이 원한다면 당신에게 보다 더 잘 어울리는 일을 할 수 있게 해줄 것이다.

단, 무슨 일을 하든지 바라는 것의 이미지와 그것을 손에 넣겠다는 결의와 확신을 잊어서는 안 된다.

지배욕을 버려라

행동의 동기에 대하여 한 가지 더 덧붙이겠다.

사람을 지배하고 싶다는 그릇된 유혹에 현혹되어서는 안 된다.

미숙하고 불완전한 인간에게 있어 지배력을 휘두르는 것만큼 쾌감을 주는 것은 없다.

제멋대로인 지배욕이야말로 세상을 고통스럽게 하는 원흉이다.

과거 오랜 세월 동안 역대 왕국, 봉건 영주들은 영토 확장을 꾀하며 전쟁을 일으키고 그때마다 대지를 피로 물들여 왔다. 그들의 목적은 만물에 활력을 불어넣는 것이 아니라, 지배자인 본인 혼자서 더욱 더 강력한 권력을 손아귀에 쥐는 것이었다.

오늘날 기업의 주된 목적도 똑같다.

사람들은 돈이라는 군대로 지배권을 둘러싼 쟁탈전을 벌이며 수백만에 달하는 사람들의 인생과 마음을 황폐화시키고 있다. 산업 분야의 거물도 폭정을 하던 왕과 마찬가지로 권력욕에 의해 움직이고 있는 것이다.

예수는 이 지배욕을 악마의 꼬임에 넘어간 충동이라고 꾸짖으며 없애려고 노력했다.

'마태오복음 23장'을 읽어보라. 그러면 바리새인들이 어떤 식으로 랍비라 불리고, 상석에 앉고, 대중에게 명령하며, 무거운 짐을 사람들 어깨에 짊어지게 했는지 잘 알 수 있을 것이다.

예수는 바리새인의 지배욕을 '제자'이며 '형제'들이 신께 기도하는 모습과 비교했다.

권력을 추구하거나 '선생님'이라 불리고, 자신을 높은 자리에 앉게 하거나 호사스럽게 보이고자 하는 충동을 품지 않도록 경계하라고 가르쳤다.

사람을 지배하고 싶어 하는 마음의 동요는 경쟁심일 뿐 창조력이 아니다. 당신의 환경과 운명을 움직이기 위해 동포들을 고통받게 해서는 안 된다.

지위를 둘러싼 치열한 경쟁에 발을 내딛는 순간 당신 자신이 운명과 환경의 지배를 당하게 된다. 그리고 부자가 되려면 운에 맡기거나 투기를 하는 수밖에 없다고 생각하게 된다.

"경쟁심을 조심하라!" '황금률'을 표방했던 톨레도 시의 고 사무엘 존스(1846~1904, 오하이오 주 톨레도 시장을 역임한 실업가)의 말만큼 창조적인 활동이 어떻게 해서 창출되는지 잘 말해 주는 문구는 없을 것이다.

"무슨 일이든 네가 바라는 것을 다른 사람에게도 그대로 행하라."
('마태오복음' 7장 12절)

이것이 사무엘 존스가 표방했던 황금률이었다.

13
끝없이 진보하는 인간이 되라

앞 장의 내용은 상업에 관련된 사람들뿐만 아니라 모든 직종의 사람들, 공장 노동자들에게도 해당되는 내용이다.

의사, 목사, 교사 — 직업이 무엇이든 간에 타인에게 번영 감각을 줄 수 있다면 당신에게로 사람들이 모여들어 풍요를 누릴 수 있다.

의사가 개업을 해서 성공하고 싶다는 소망을 품고 그것을 실현하기 위해 결의와 확신을 가지고 노력한다면, 지금까지와 마찬가지로 '생명의 근원'과 밀접한 관계를 유지하는 한 경이로울 만큼의 큰 성공을 거두어 환자들이 끊임없이 찾아들 것이다.

개업의는 이 책의 가르침을 아주 잘 활용할 수 있는 직업 가운데서 좋은 예라 할 수 있다. 그 의사가 어떤 학파에 속해 있는가는 문제되지 않는다. 치료의 원리는 학파와 상관없이 공통된 것이기 때문이다.

개업의의 세계에서 '진보하는 인간'은 성공한 자기 자신의 이미지를 분명히 가지고 결의와 확신, 감사의 법칙에 따라 아무리 힘들지라도 환자들의 모든 병을 가능한 한 최선을 다해 치료할 것이다.

종교 분야에서는 풍요로운 생활의 실천 방법에 대하여 설교하는 목사를 사람들은 간절히 바라고 있다. 부자가 되기 위한 과학적 방법을 상세히 익혀 건강과 덕망, 사랑을 얻을 수 있는 방법과 함께 설교한다면 목사는 신도들의 열렬한 지지를 얻게 될 것이다.

그것이야말로 세상이 원하는 복음이며 사람들의 생활을 번영시키는 것이다. 사람들은 기꺼이 그것을 받아들이고 지식을 전해 준 목사를 아낌없이 응원할 것이다.

사람들이 원하는 것은 단상에 선 목사 본인이 실례를 보여주는 것이다. 우리는 목사가 그 방법 자체를 설교하는 것이 아니라 스스로 그 방법을 실천하길 바라고 있다.

목사 자신이 부자가 되고, 건강을 얻고, 덕망을 쌓고, 사랑받는 인간이 되어 어떡하면 그렇게 될 수 있는지 가르쳐줄 수 있는 사람이기를 바라고 있다. 만약 그렇게 된다면 그 목사는 매우 많은 충실한 신도들로 둘러싸이게 될 것이다.

교사라는 직업 또한 방법은 똑같다. 결의와 확신을 가지고 풍요로운 인생을 위해 아이들을 격려해 주는 교사라면 '실업'을 걱정할 필요가 없다. 교사에게 이 결의와 확신만 있다면, 자신이 직접 몸에 익혀 실천하고 있는 것을 반드시 아이들에게 전해 줄 것이다.

의사와 목사, 교사의 예로 증명된 것들은 그대로 법률가에게도, 치과 의사에게도, 부동산 업자에게도, 보험 설계사에게도, 그 밖의 모든 직업의 사람들에게도 해당된다.

자기 자신을 위해 일에 전념하라

사고와 행동을 이 책에서 말하고 있는 그대로 따른다면 절대로 실패하지 않고 확실하게 효과를 거둘 수 있다. 착실히 지속적이고 정확하게 이 가르침을 지킨다면 당신은 반드시 부자가 될 수 있다.

번영의 법칙은 인력의 작용과 마찬가지로 수학적으로 확실한 법칙이며, 부자가 되는 것은 너무도 객관적이고 명확한 과학적 지식이다.

공장에서 일하는 사람들도 다른 직업과 마찬가지로 이런 내용이 들어맞는다는 것을 깨달을 수 있을 것이다. 출세할 가능성이 없는 직장에서 일하며 적은 임금에 생활비가 많이 든다 할지라도 기회가 없다고 비관할 필요는 없다.

매일매일 당신에게 가능한 일은 모두 해야 한다. 무슨 일을 하든 성공시키겠다는 의지와 부자가 되겠다는 결의를 품고 모든 작업을 하나하나 완벽하게 처리하길 바란다.

이것은 경영자의 마음에 들기 위해서가 아니다. 상사가 당신이 일하는 모습을 보고 승진시켜 주지 않을까 하는 기대는 대부분 빗나가고 말 것이다.

능력을 최대한 발휘하여 주어진 일을 하고 그것으로 만족하는 노동자는 경영자에게 있어 그저 한 명의 '우수한' 사원에 불과하다. 경영자는 그 사람을 출세시켜 주려고 생각하지 않는다. 지금 하고 있는 일을 더 많이, 더 오래 시키려 할 것이다.

다시 말해 확실하게 발전하기 위해서는 지금 하고 있는 일을 완벽하게 처리하는 것만으로는 부족하다.

확실하게 발전하는 사람이란 지금 있는 자리에서 만족하지 않는 사람으로, 자신이 원하는 것이 무엇인지 명확히 알고 '반드시 그렇게 되겠다'는 희망과 결의를 가지고 있다.

경영자를 기쁘게 하는 것이 아니라 당신 자신의 발전을 위해서 지금 하는 일을 하라. 근무 중이나 일하기 전후에도 발전하려는 결의와 확신을 가지고 노력하는 것이다.

상사나 동료, 당신이 아는 사람들과 만나게 될 사람들이 모두 당신이 발산하는 강렬한 힘을 느낄 수 있도록 결의와 확신을 갖기 바란다. 그러면 발전하고 번영한다는 감각이 상대에게도 분명히 전달될 것이다.

그러는 사이 모든 사람들이 당신에게 흥미를 갖게 될 것이고, 현재 하고 있는 일에 더 이상의 발전 가능성이 없다는 생각이 들면 언제라도 다른 일을 할 수 있는 기회가 찾아올 것이다.

섭리에 따라 활동하는 '진보한 인간'에게는 항상 기회를 가져다 주는 '힘'이 작용한다.

만약 당신이 '확실한 방법'에 따라 행동한다면 신은 당신에게 손을 내밀어 줄 것이다. 그것은 신 사신을 돕기 위한 것이기도 하다.

만물은 당신을 위해 존재한다

생활 환경이든 작업 환경이든 당신을 억제할 권리는 없다. 만약 철강회사에 근무해서 부자가 될 수 없다면 10에이커의 농지를 사서 부자가 될 수도 있을 것이다. '확실한 방법'에 따라 행동을 시작한다면 철강회사의 '톱니바퀴'에서 벗어날 수 있다. 농장이든 어디든 간에 가고 싶은 곳으로 가면 그만이다.

수천 명의 종업원이 '확실한 방법'을 실천에 옮긴다면 철강업계는 언젠가 역경에 처하게 되어 노동자에게 기회를 넘기고 다른 직종을 찾아야 할 것이다.

모든 사람이 기업을 위해 일할 필요는 없다. 기업이 노동자들에게 도움이 되는 상황을 만들지 않는 것은 단순히 그들이 부자가 되는 과학적 방법을 모르거나 생각을 게을리해서 그 방법을 지키지 않았기 때문이다.

당신이 결의와 확신을 지속적으로 유지한다면 상황을 개선하기 위한 기회에 민감해질 것이다.

기회는 금방 찾아온다. 그것은 '만물' 속에 있다. 당신을 위해 움직여 주는 '신'이 기회를 가져다줄 것이다.

바라는 모든 것이 이루어질 기회를 기다려서는 안 된다. 지금보다 나은 기회가 찾아와 당신의 마음을 흔든다면 그 기회를 붙잡아라. 그것이 더 큰 기회를 향한 첫걸음이 되는 것이다.

이 지구상에서 발전적 인생을 살고 있는 사람에게는 반드시 기회가 찾아온다.

우주라는 조직에는 원래 만물이 한 사람을 위해 존재하며, 힘을 합쳐 한 사람을 위해 작용하는 성질을 갖고 있다. 때문에 '확실한 방법'에 따라 행동하고 생각한다면 틀림없이 부자가 될 수 있다.

따라서 현재 아무리 힘든 상황에 처해 있더라도 세심하게 주의를 기울여 이 책을 읽고 자신감을 가지고 행동하기만 하면 된다.

14
주의점과 결론

부자가 되기 위한 객관적이고 명확한 과학적 지식이 있다 해도 대부분의 사람들은 믿으려 하지 않을 것이다. 많은 사람들이 부의 공급은 한정되어 있다고 착각해, 사회와 정부기관이 바뀌지 않고는 약간의 자산조차도 축적할 수 없다고 생각하고 있기 때문이다.

하지만 그것은 잘못된 생각이다.

분명히 지금의 정부 하에서 대중은 금전적 혜택을 누리지 못하고 있다. 하지만 그것은 그 사람들이 '확실한 방법'에 따라 행동하지 않기 때문이다.

만약 대중이 이 책에 있는 내용에 따라 행동하기만 한다면 정부나 기업도 그것을 막을 수 없다. 이런 움직임이 커져 간다면 모든 체제가 바뀌게 될 것이다.

대중이 '진보하고자 하는 마음'과 반드시 부자가 되겠다는 '확신', 부자가 되겠다는 흔들림 없는 목적의식을 가지고 행동하기 시작하면, 모든 상황이 그들을 궁핍 상태에서 벗어날 수 있도록 움직이기 시작할 것이다.

누구라도, 언제나, 어떤 정부 하에서든 '확실한 방법'을 따르기만 한다면 부자가 될 수 있다. 그런 사람들이 늘어나면 어떤 정부체제 하에서라도 부자가 되기 위해 현 체제가 바뀌고 다른 사람들에게도 길을 열어주게 될 것이다.

많은 사람이 경쟁 원리에 의해 부자가 된다면 그렇지 않은 사람들의 상황은 더욱 나빠지게 된다. 하지만 많은 사람들이 창조력을 발휘함으로써 부자가 된다면 다른 모든 사람들에게도 보다 나은 인생이 펼쳐질 것이다.

대중을 경제적으로 구제하기 위해서는 그들이 이 책에 적힌 과학적 방법을 실천하여 부자가 되는 수밖에 없다. 그 사람들은 언젠가 다른 사람들에게 이 방법을 전달하고 격려하여 충실한 인생을 영위하려는 마음을 심어주고, 반드시 할 수 있다는 확신과 결의를 가지고 분발할 수 있도록 만들 것이다.

하지만 당장은 당신이 부자가 되는 것을 막고 있는 것이 현 정부도, 자본주의나 경쟁주의적 산업구조도 아니라는 것을 깨닫는 것만으로 충분하다. 창조적인 사고를 하게 되면 당신은 그런 것들로부터 초월해 다른 세계로 나갈 수 있다.

단, 항상 창조적인 사고를 할 수 있도록 노력해야 한다. 그러면 주어진 혜택에는 한계가 있다고 생각하거나 경쟁심 때문에 윤리적으로 고통받는 일도 없을 것이다.

이전의 사고방식으로 되돌아가면 재빨리 궤도를 수정해야 할 것이다. 왜냐하면 경쟁심을 품고 있는 동안은 '모든 것을 관리하는 마음'의 협력을 받을 수 없기 때문이다.

무슨 일이든 두려워할 필요가 없다

불투명한 미래에 어떻게 대처해야 할지 이것저것 생각하고 따지며 시간을 낭비해서는 안 된다. 내일 일어날지도 모를 사태가 아니라 오늘 할 일을 완벽히 처리하겠다고 생각하라. 예측할 수 없는 상황은 그 일이 벌어진 뒤에 대처해도 늦지 않다.

어떤 장애 때문에 지금 당장 진로 변경을 꼭 해야 하는 경우가 아닌 이상 머릿속에 갑자기 떠오른 불안에 대하여 어떻게 대처할지 고민할 필요는 없다.

멀리서 아무리 큰 장애가 생기더라도 '확실한 방법'을 따라 앞으로 나아가는 동안에 저 멀리서 혹은 가까이 다가오는 동안에 그 장애가 사라져 버렸음을 깨닫게 될 것이다.

아무리 복잡한 상황에 빠졌다 할지라도 과학적인 법칙에 따라 부자가 되는 방향으로 향하고 있는 한 절대 실패하는 일은 없다.

이 법칙을 따른다면 '2×2'가 언제나 '4'인 것과 마찬가지로 부자가 되는 것은 당연하다.

재해를 당하거나, 장애가 생기거나, 공포에 휩싸이거나, 그 밖의 바람직하지 않은 상황이 동시에 일어났다 하더라도 고민할 필요는 없다. 지금 이 순간에도 그 가능성은 충분히 있다. 하지만 모든 곤란한 상황은 결국 과거가 된다는 것을 당신도 곧 깨닫게 될 것이다.

말에는 항상 주의를 해야 한다. 일을 할 때도 나약한 말이나 의욕을 잃게 하는 말을 해서는 안 된다. 실패할 가능성에 대해 이야기하거나 실패를 암시하는 듯한 말을 해서는 안 된다.

곤란한 처지라든가, 앞으로의 경기 전망이 밝지 않다고 하는 내용을 화제거리로 삼지 말자. 경쟁사회에 살고 있으면, 역경에 처하기도 쉽고 경기에 대한 전망이 불안할지도 모른다.

하지만 당신만은 다르다. 바라는 것을 창출할 능력이 있으므로 당신에게 불안이란 없다.

다른 사람들이 불경기로 인해 역경에 처해 비명을 지르고 있을 때도 당신은 최고의 기회를 찾아낼 수 있다.

세상을 '생성 과정에 있는 것'이라고 인식할 수 있도록 노력하라.

세상은 성장하고 있으며, 재난이 생기면 그것은 미숙하기 때문에 벌어지는 현상이라고 생각하라. 언제나 발전하고 있다는 것을 느끼면서 이야기를 하라.

그렇지 않으면 당신의 확신은 애매모호한 것이 되어 결국 언젠가 사라지고 말 것이다.

어떤 상황이라도 절대 절망하지 말라. 특정 시기에 특정한 것을 손에 넣을 것이라고 기대했다가 그 시기에 바라던 것을 손에 넣지 못했다고 해서 실패라고 단정짓는 것은 잘못된 생각이다.

하지만 확신이 있다면, 당신이 실패라고 생각했던 것은 단지 실패로 보였을 뿐이라는 것을 깨닫게 될 것이다.

'확실한 방법'을 따라 매진하기 바란다. 그러면 지금 당장 바라는 것을 얻지 못했다 하더라도 시간이 지나면 그보다 훨씬 훌륭한 것을 손에 넣을 수 있을 것이다. 또한 실패라고 생각했던 경험이 사실은 성공을 위한 훌륭한 밑거름이었다는 걸 깨닫게 될 것이다.

이 방법을 배운 어떤 사람은 염원하던 기업을 매수하기 위해 몇 주 동안 노력을 기울였다. 중요한 시기에 다다랐을 때 그 계획은 전혀 예기치 못한 상황 때문에 좌절되고 말았다. 마치 눈에 보이지 않는 힘이 작용해 몰래 그 사람의 발을 붙잡고 있는 듯했다.

그 사람은 절망하는 대신 희망으로 넘치게 된 것을 신에게 감사하며, 감사의 마음을 가지고 착실하게 일을 추진했다.

몇 주일 뒤에는 결국 그 거래가 성사되지 않아서 다행이라고 생각할 정도로 훌륭한 기회가 찾아왔다. 그리고 그 사람은 자신의 지식을 초월한 '지성'의 인도로, 작은 이익을 바라다 엄청난 피해를 입을 뻔했다는 사실을 알게 되었다.

이처럼 실패로 보였던 것은 확신을 지속적으로 유지하고, 결의를

부자의 기술   *251*

잊지 않고 감사의 마음으로 그날 해야 할 일을 모두 처리하며 하루하루를 충실히 보내다 보면 어느 순간 훌륭한 결과로 이어지게 될 것이다.

실패는 추구하는 방법이 충분하지 않았다는 반증이다.

끊임없이 추구하라. 그러면 더 훌륭한 것이 확실하게 당신에게 주어질 것이다.

이 책을 계속해서 반복하여 읽고 실천하라

하고 싶은 일이 있는데 필요한 재능이 없어 실패했다는 것은 변명에 불과하다. 내가 말했던 것들을 실천해 보라. 그 일에 필요한 모든 재능을 키울 수 있을 것이다.

재능을 키우기 위한 과학적 방법을 말하는 것은 이 책에서 다룰 내용이 아니다. 하지만 그것은 부자가 되는 방법과 마찬가지로 확실하고 간단명료한 방법일 것이다.

어느 정도까지 와서 재능 부족으로 실패하는 게 아닐까 걱정하거나 주저하며 동요해서는 안 된다. 그때도 이미 능력은 갖춰져 있다. 충분한 교육을 받지 못했던 링컨이 홀로 정치적 위업을 달성할 수 있게 해준, 그와 똑같은 '능력'이 당신에게도 잠재되어 있다.

당신은 그 능력을 이용해 지혜를 구사하고 당신에게 주어진 책임을 다 할 수 있다. 마음속으로 확신을 갖고 시작하라.

확실하게 이 책을 읽도록 하라. 이 책을 언제나 당신의 벗으로 삼고 여기에 적힌 내용을 모두 습득하기 바란다.

이 책의 내용을 마음속으로 확신할 수 있다면, 특별히 멋진 일이나 즐거움이 없더라도 당신은 잘 헤쳐 나갈 것이다. 그리고 이 책의 내용과 상반된 사고를 장려하는 강의나 설교를 하는 장소에는 가까이 가지 마라.

비관적인 혹은 이 책과 상반된 내용의 책을 읽거나 이 책의 내용에 대해 논쟁하지 마라.

시간이 날 때마다 바라는 이미지를 마음속 깊이 새기고 감사의 마음을 키우며 이 책을 읽는 데 시간을 할애하라. 이 책을 읽으면 부자가 되기 위해 필요한 과학적 지식을 모두 얻을 수 있다.

15

맺음말 - 이 책의 요지

만물의 근원은 사고하는 물질이다. 사고하는 물질이란 원시 상태에서 우주 공간 구석구석까지 퍼지고 침투해 충만한 것이다.

사고하는 물질 속에서 태어난 사고는 생각했던 이미지대로의 모습을 이루어 준다.

사람은 모든 것들의 형태를 생각하고 혼돈에 전달하여 그것이 창출될 수 있도록 노력한다.

그러기 위해서는 경쟁심을 버리고 창조력을 발휘하지 않으면 안된다. 그렇지 않으면 경쟁심과는 인연이 없는 창조력으로 가득한 '무형의 지(知)'와 힘을 합칠 수 없다.

사람이 '혼돈'과 혼연일체가 되기 위해서는 그 은혜에 대하여 항상 깊은 감사의 마음을 가져야 한다. 감사의 마음을 가짐으로써 사람의 마음과 '물질'의 지성이 이어져 사고가 '혼돈'에 전해지게 되는 것이다. 항상 깊은 감사의 마음을 유지하지 않으면 사람은 창조력을 발휘할 수 없다.

손에 넣고자 하는 것, 하고 싶은 일, 되고 싶은 모습의 정확한 이미지를 연상하라. 그 이미지를 계속 유지하며 '신'께 깊이 감사하는 마음을 끊임없이 가져야 한다.

부자가 되고 싶다고 바라는 사람은 시간이 날 때마다 그 '이미지'를 깊이 새기고 그것이 곧 실현될 것을 마음속으로 감사해야 한다.

이미지를 새김과 동시에 흔들림 없는 확신과 경건한 감사의 마음을 갖는 것이 무엇보다도 중요하다. 그렇게 함으로써 이미지가 '혼돈'에 전달되어 창조력이 작동되기 시작하는 것이다.

창조적인 에너지는 자연계의 성장이나 산업과 사회질서 속에서 기존의 경로를 따라 작용한다. 이미지로 연상했던 모든 것은 앞에서 말했던 가르침을 강한 확신을 가지고 지킨 사람에게만 전달된다. 바라는 것은 정해진 유통 경로를 따라 찾아오게 될 것이다.

그것을 자신의 것으로 만들기 위해서는 행동으로 옮기지 않으면 안 된다. 행동이란 현재 하고 있는 일에 안주하지 않는 활동을 하는 것이다. 머릿속으로 그린 이미지를 실현시켜 부자가 되겠다는 '결의'를 끊임없이 유지하지 않으면 안 된다.

그리고 매일매일 그날 할 수 있는 일을 모두 완벽하게 처리해야 한다. 자신이 받은 대가 이상의 가치를 다른 모든 상대에게 나눠줘야 한다. 그러면 거래를 할 때마다 활력이 높아질 것이다.

더 나아가 '진보하는 사상'을 지속적으로 품고 번영의 감각을 당신이 만나는 모든 사람에게 전달하는 것이 중요하다.

앞에서 말한 가르침을 실천하는 사람은 반드시 부자가 될 수 있다. 그리고 그 사람들이 누리는 풍요는 정확한 이미지와 굳은 결의, 강한 확신, 깊은 감사와 분명히 비례한다.